정의로운 시민이
되고 싶어

정의로운 시민이 되고 싶어

이하나 지음

초록비책공방

쉽고도 어려운 길, 시민으로 살기

여러분은 언제 시민이라는 낱말을 들어봤나요? 시민은 어떤 사람들을 말할까요?

시민을 한자로 풀어보면 市民이 됩니다. 도시에 사는 사람들을 일컫는다고 생각할 수도 있어요. 하지만 시민이라는 말은 저 멀리 다른 나라에서 온 말을 두어 번 번역하면서 약간의 오해를 불러오게 된 거랍니다.

민주주의가 가장 먼저 시작된 나라가 어디인지 알고 있나요? 세계에서 가장 돈이 많은 미국? 의회정치가 발달한 영국? 자유, 박애, 평등의 정신으로 잘 알려진 프랑스? 모두 아니랍니다. 인류 역사상 최초로 지금의 민주주의와 가장 비슷한 민주주의를 실천했던 나라는 고대 그리스입니다. 그중에서도 아테네라는 도시국가였죠.

그리스의 역사를 살펴보면 아테네가 있을 당시 몇 개의 도시국가들이 어울려 살고 있었어요. 영화로 유명해진 스파르타라는 나라도 같은 시대에 있었지요. 그리스의 아테네는 아주 작은 나라였습니다. 아테네라는 도시 한 곳이 바로 국가였으니까요. 서양 문명은 아테네의 영향을 많이 받았습니다. 아테네에서 유명했던 사람들을 손꼽아볼까요? 철학자였던 소크라테스, 정치인이었던 페리클레스,《오이디푸스》와《안티고네》같은 작품을 쓴 소포클래스가 있죠. 아테네는 직접민주주의를 실천했다고 알려져 있습니다. 물론 남자 성인만 결정권을 가졌기 때문에 지금과 똑같은 모습의 민주주의는 아니었어요. 전체 주민 중 결정권을 가진 사람이 10분의 1쯤 되었고, 그들이 나라의 중요한 일을 결정했지요.

고대 아테네는 도시국가라고 했죠? 이 도시국가에서 민주주의에 참여할 수 있었던 성인 남자들을 '도시인'이라고 불렀습니다. '시민'이라 불렀던 거죠. 이때 사용했던 말이 '데모크라티아demokratia'라는 그리스어인데요. 어원을 따져보면 demo(데모)는 '사람들'을 말하고 '힘이나 지배'를 표현하는 Kratia(크라티아)가 붙어 '시민이 통치하는 체제'라는 의미를 가집니다. 이 말이 영어로 넘어가면서 데모크라시democracy, 즉 민주주의가 되었어요. 민주주의를 실천하는 사람들을 언제부턴가 한국에서는 시민이라고 부릅니다. 시민이라는 단어가 언제부터 쓰였는지 정확하지는 않더라도, 그리스에 살

던 사람들처럼 '주도적으로 중요한 일을 결정하는 사람들'이
라는 의미를 담는다고 해요. 사실 '시민'이라는 말은 '도시에
사는 사람들'로 오해할 수 있어서 적확한 낱말이라 보긴 어
렵습니다. 어떤 사람들은 시민보다는 '민중'이라는 말이 더
어울린다고도 해요. 이제 이 책을 읽으며 민주주의를 실천하
는 사람들을 시민이라고 부르는 게 좋을지, 민중이라고 부르
는 게 좋을지 고민해 보기로 합시다. 아무튼 지금 한국에서
시민이라는 말은 자기가 속한 공동체의 중요한 결정을 할 수
있는 사람들을 말합니다.

앞서 말했듯 아테네에서는 성인 남자만 시민이 될 수 있었
는데 세금을 안 낸 사람은 그 시민권을 박탈당해 결정에 참
여할 수 없었대요. 책임지는 사람에게만 권한을 준 거죠. 이
러한 아테네의 민주주의는 서양 문명이 형성되고 국가 체계
가 만들어지면서 무척 매력적으로 느껴졌던 모양이에요. 권
력을 절대적으로 행사하는 이들이 민중을 존중하고 중요하
게 여겼다면 왕이 통치하는 국가여도 평화로웠겠지만, 그렇
지 않은 사람이 나라의 권력을 모두 가져 제멋대로 해 버리
니 많은 나라가 한 사람에게 권력이 집중되는 것을 좋지 않
다고 생각하게 되었어요. '그렇다면 국가의 중요한 일을 결
정할 수 있는 권력은 어떻게 나누어 가져야 하지?' 고민하
던 사람들은 아테네의 직접민주주의가 가장 좋다고 생각하

게 되었어요.

근대에 들어서면서 서양은 권력을 나누는 다양한 실험을 해왔습니다. 그때마다 전쟁이나 혁명이 일어났죠. 권력을 일부 사람이 장악하지 말고 모든 사람이 나눠 갖도록 하자는 결정은 100여 년밖에 되지 않았어요. 1900년대 초반부터 많은 나라가 민주주의를 채택했죠. 당시 강대국들은 세계 곳곳에 식민지를 만들었어요.

우리나라는 민주주의로 바꿔나가려고 준비하던 차에 일본 제국에 의해 식민지가 되어버렸어요. 그래서 우리나라 민주주의는 사실상 일제강점기에 기틀을 잡았고 1945년 해방 이후 북한과 분단되고 정부가 출범하면서 매우 빠르게 민주주의가 발전해 왔다고 볼 수 있습니다. 국가가 시작되면서 모든 사람이 시민이 된 셈이죠. 지금 이 글을 읽는 여러분도 시민이에요. 내가 속한 공동체의 중요한 일을 책임지고 결정하는 사람이랍니다.

이 책은 멋진 시민이 되려면 어떤 생각을 품어야 하고 어떤 원칙을 지켜야 하는지를 이야기할 거예요. 시민들이 만들어온 역사도 살펴볼 겁니다. 사실 저는 여러분이 이미 시민의 자격을 충분히 가지고 있다고 생각해요. 하지만 민주주의는 항상 각성하고 보살펴야 지킬 수 있습니다. 자 그럼, 정의로운 시민으로 살아가기, 첫 이야기를 시작합니다.

차 례

민주주의
대한민국의 탄생

질문있어요

Q1. 민주주의란 무엇인가요?

Q2. 우리나라 역사에서 민주주의를 실천한 사례가
있나요?

흔히들 민주주의는 서구 사회에서 시작되었다고 알고 있습니다. 민주주의, 즉 데모크라시 democracy가 아테네에서 처음 쓰인 말이라는 이유 때문이죠.

과연 민주주의는 서구에서 태어나 동양에 퍼진 사상일까요? 그렇다면 우리의 민주주의는 서양이 만들어간 방식대로 따라가야 한다고 주장할 수도 있을 겁니다. 하지만 인구가 늘어나고 문명과 기술이 발달하면서 민주주의는 어느 국가에서나 조금씩 싹트기 시작했습니다.

1부에서는 대한민국은 왜 민주주의를 채택했고 그 뿌리가 과연 서양에서 온 것인지 간략하게 살펴봅니다. 그리고 서양 어느 나라에도 절대 뒤지지 않는 한국형 민주주의를 소개합니다. 우리 선배 시민들은 어떤 세상을 꿈꾸었을까요?

대한민국 민주주의는
언제부터 시작되었을까?

우리 대한민국은 유구한 역사적 전통을 갖고 있다고 알고 있습니다. 단군 할아버지부터 시작된 고조선부터 삼한시대를 거쳐 삼국시대, 통일신라시대, 고려시대, 조선시대, 대한제국, 일제강점기, 대한민국에 이르기까지 한반도를 중심으로 한 역사가 약 5,000년에 이른다고요. 이렇게 긴 역사 중에서 한반도의 민주주의는 언제부터 싹텄는지 생각해 봅시다.

우리가 즐기는 영화나 드라마에는 조선시대를 배경으로 한 것이 정말 많아요. 왜 그럴까요? 지금과는 상당히 다른 나라이지만 긴 역사 중에서 가장 최근의 일이기도 하고 기록이 풍부하게 남아있기 때문입니다. 조선시대에는 왕실에서

만 서너 가지 기록물이 매일 만들어졌어요. 왕의 행동과 말을 기록한 《조선왕조실록》, 왕이 매일 썼다는 일기인 《일성록》, 왕의 비서가 매일 적은 《승정원일기》가 대표적이죠. 매일의 일을 기록한 이 방대한 기록물들은 한자로 쓰이거나 옛말로 쓰였기에 한국고전번역원에서 현대어로 번역하고 있습니다. 500년 동안 하루도 빠짐없이 기록되었다니 번역에도 엄청난 시간이 걸리겠죠? 신라시대부터 남아있는 이런 기록물은 법, 경제, 철학, 역사, 생활사 등 다양한 분야에 걸쳐 있어서 빠르게 번역하기 어려워요. 그중 조선시대의 기록이 가장 많이 남아있습니다. 조선 사람들은 왜 이렇게 기록을 많이 했을까요?

사실 실록은 조선에서 처음 기록한 것이 아닙니다. 고려시대에도 왕조의 하루하루를 기록한 실록이 있었어요. 하지만 여러 차례 전쟁을 겪으며 모두 사라졌지요. 즉 왕조의 기록은 조선이 처음 한 것은 아니고 그 이전부터 기록을 중요시했지만 조선시대 기록이 가장 많이 남아있는 거죠. 그러면 왜 이렇게까지 힘들게 기록했을까요? 빼놓지 않고 일기를 쓰는 것은 쉽지 않은데 말이죠.

인간은 변화하는 환경 속에서 살아갑니다. 시간은 계속 흘러가기 때문에 사람은 늘 조금씩 불안할 수밖에 없어요. 기록은 시간을 붙잡아주죠. 흘러가는 시간 속에 계속 바뀌는 것들을 박제해 남겨두는 거예요. 사진을 생각하면 이해하기가 쉬울 겁니다.

이렇게 기록은 역사를 그대로 전해 주는 역할을 합니다. 이런 역사가 하나씩 쌓여서 나를 만들고 마을을 만들고 나라를 만들어 나가죠. 과거에 있었던 일에서 배우고 깨달으며 실수를 덜 하려고 노력하면서요.

기록은 감시의 역할도 합니다. 지워지지 않을 기록은 인간에게 두려움을 갖게 하거든요. 우리도 생활기록부에 적힌 글이 영영 사라지지 않는다고 생각하면 더 잘하려고 애쓰게 되지 않나요? 왕은 어땠을까요? 왕도 사람인지라 자기 맘대로 하고 싶을 때도 있었겠죠? 하지만 '자신의 일거수일투족을 신하들이 지켜보고 있으며 그 내용은 기록으로 대대손손 전해질 것'을 알고 있었으므로 상당한 부담이 되었을 거예요. 이 기록은 매우 귀중하게 다뤘으며 조선왕조실록의 첫 글이 된 것을 '초사'라고 하여 아무도 볼 수 없게 해두었어요.

우리나라 첫 민주주의 운동, 동학농민운동

조선 왕실의 기록은 어찌 보면 권력을 감시하고 권력을 쥔 사람이 함부로 정치를 할 수 없도록 만든 장치예요. 그래서 500년 넘게 이어질 수 있었죠. 하지만 조선 말기가 되면서 양반과 양반이 아닌 사람들을 계급으로 나눈 사회적 구조에 불만이 많아졌어요. 조선 초기에는 양반이 전체 인구의 1~2% 정도였지만, 조선 후기로 가면서 양반 비율이 계속 증가했기 때문이지요.

이에 대해서는 여러 의견이 있습니다. 어떤 학자들은 무역이 시작되면서 돈을 꽤 벌어들인 중인들이 양반 족보를 돈 주고 샀다고도 하고, 어떤 학자들은 서학이라고 부르는 천주교가 들어오면서 모든 사람이 평등하다는 의식이 많아져 양반들이 노비들을 풀어줬다고도 해요.

어쨌든 양반과 양반 아닌 사람들로 계급이 나뉜 것은 신분사회입니다. 조선의 신분제는 오랜 기간 작동되었습니다.

조선 후기에는 먹고 살기 힘든 백성들에게 세금을 더 뜯어내는 부정부패한 관리가 들끓으면서 여러 차례 민란이 일어나요. 그 대표적인 민란이 1892년 일어난 동학농민운동입니다(동학농민운동은 동학혁명, 동학농민운동 등 여러 가지 이름으로 불려요). 동학농민운동이 일어난 배경은 다음과 같습니다.

조선 후기 조선은 임진왜란과 병자호란 등 큰 전쟁을 겪은 뒤라 민중의 삶이 더욱 어려워졌어요. 1882년에는 옛날 방식의 군대를 없애고 새로운 군대를 만든다는 발표가 나면서 옛 군대에 속해 있던 병사들이 군란을 일으켰지요. 하루아침에 일자리를 잃게 되었거든요. 그 이후에는 조선의 문호를 개방하고 외국의 문화를 받아들이느냐의 문제를 놓고 권력자들이 다툼을 시작했어요. 몇몇 교육받은 지식인들은 오랫동안 청나라의 지배를 받은 조선에 문제가 있다며 1884년 갑신정변을 일으켰죠. 나라는 혼란하고 탐관오리들의 수탈에 못 견딘 농민들이 1892년 동학농민운동을 시작합니다.

전라도 지방의 고부군에서 시작한 동학농민운동은 부패한 관료들을 내쫓고 좋은 세상을 만들자는 개혁운동으로 시작했어요. 이때 동학운동에서 주장한 것들은 탐관오리를 내쫓고 불량한 유림과 양반을 처벌하라는 것, 노비 문서를 없애서 노비 신분을 없애 달라는 것, 남편을 잃은 여자가 재혼할 수 있도록 해달라는 것, 이름도 없는 잡다한 세금을 줄여달라는 것, 인재를 뽑기 위해서는 집안이나 신분을 보지 말라는 것, 토지는 평등하게 나누어 농사짓게 해달라는 것 등이었어요. 그래서 동학농민운동을 조선 말기의 민중운동, 즉 민주주의 운동으로 보기도 하지요.

동학농민운동에 참여한 사람들은 무기를 들고 정부와 대

립하며 전투를 치르기도 했어요. 하지만 일본이 개입하면서 실패하죠(동학농민혁명은 일본이 본격적으로 우리나라의 정치에 개입한 사건이에요). 동학농민혁명에 참여한 사람들은 대부분 처형당했습니다.

혁명이 실패한 뒤 일본은 본격적으로 조선을 침략합니다. 그래서 조선은 1897년 '대한제국'으로 이름을 바꾸고 전제군주제, 즉 황제가 통치하는 제국이라고 선언했지요. 사실 조선의 왕이 그대로 대한제국 황제가 되었기 때문에 조선과 대한제국을 완전히 다른 나라로 보기는 어려워요.

결국 1910년 8월 29일, 일본은 강제로 대한제국을 일본제국의 속국이라고 선언합니다. 이 강제 병합을 '경술국치'라

고 해요. 대한제국과 일본이 합의했다는 이때의 병합 서약에
는 대한제국의 국가 도장인 국새는 찍혀 있지만 순종 황제의
서명은 없다고 합니다. 도장은 누군가 가져다가 찍을 수 있으
므로 이 조약은 강제로 인한 것이며 대한제국은 이에 동의하
지 않았다는 것을 유추할 수 있죠. 안타깝게도 이날 이후 대
한제국은 다른 나라들에 하나의 나라로 인정받지 못하고 일
본의 속국이 되었어요.

민주주의 정신을 담은
3.1운동과 대한민국 임시헌법

1919년 3월 1일은 일본에 침략당한 대한제국의 독립을 염원하며 우리나라 사람들이 만세를 부르고 저항한 날입니다. 3.1운동은 3월 1일 단 하루만 일어난 것이 아니라 몇 달에 걸쳐 전국적으로 퍼져나간 평화시위입니다.

1919년 1월 대한제국의 고종 황제가 세상을 떠났습니다. 대한제국이 사라진 지 9년 만의 일이죠. 비록 나라는 잃었지만 국민들은 여전히 고종 황제를 왕으로 생각했어요. 왕은 한나라의 상징이기도 하죠.

고종 황제가 세상을 떠나기 전, 전 세계를 강타한 스페인 독감이 대한제국에도 있었어요. 스페인 독감은 코로나19 등장 이전에 있던 가장 무서운 호흡기 전염병입니다. 많은 사람이 목숨을 잃었지만 일본 정부는 조선인들에 대한 별다른 조치를 내놓지 않았습니다. 원인 모를 병이 돌며 사람들이 죽어 가는데 황제마저 갑자기 죽어버렸으니 고종 황제가 독살당해 죽었다는 소문이 퍼지는 등 민심이 부글부글 끓어올랐습니다.

이런 와중에 1919년 2월 8일 일본에 있는 유학생들의 주도로 독립선언이 발표되었어요. 동학농민혁명을 이끌었던 천도교 지도자들은 국내에서 독립선언을 준비하고 있었고요. 각지에서 슬금슬금 독립선언이 준비되다가 3월 1일 지금의 서울 종로구에 있는 탑골공원에서 민족 대표 33인이 3.1독립선언서를 낭독해요. 이날을 중심으로 독립만세운동이 일어난 거죠.

1919년의 한국인들은 무기를 휘두르지 않고 맨손으로 양팔을 들어 대한독립만세를 외치는 시위를 펼쳐나갔습니다. 전국 각지로 전파되어 곳곳에서 독립선언이 일어났지요. 3.1운동은 일제의 강압적인 식민지 병합에 항거하는 것뿐만 아니라 민중이 국가의 주권을 되찾겠다는 움직임으로 해석할 수 있어요. 힘으로 눌러 한 나라를 식민지로 만들고 조선을 착취했던 일본제국에 대해 국민의 당연한 권리를 주장한 것입니다.

그런데 3.1운동에 관해 우리가 알아야 할 것이 있습니다.

이 독립운동은 왕을 다시 세워 대한제국을 회복하자는 게 아니라 민주주의 정신을 바탕으로 독립 국가를 만들자는 거였어요. 그래서 3.1운동 직후인 4월 11일 대한민국 임시정부를 수립하고 대한민국은 엄연한 주권 국가라는 것을 전 세계에 알리기 위해 애썼습니다.

민주주의에 대한 의지를 보여준 대한민국 임시헌법

임시정부는 중국 상하이에서 정부를 꾸려 시작했습니다. 국내에서는 일본의 감시와 압박이 심해서 독립운동을 제대로 하지도 못하고 잡혀서 죽을 수 있었기 때문입니다. 임시정부는 1945년 일본이 제2차 세계대전에서 패해 해방을 얻기 전까지 중국의 각지를 떠돌며 독립운동을 이어 나갔어요.

이때 나라의 이름을 '대한민국'으로 정했는데요. 대한제국에서 '대한'을 따오고, 백성 '민民', 나라 '국國'을 사용해 '대한 백성의 나라'라는 뜻을 분명히 했습니다. 또한 대한민국 임시정부 성립 축하문을 보면 "우리 국민은 다시 이민족(다른 민족)의 노예가 아니요, 또한 다시 부패한 전제 정부의 노예도 아니요, 독립한 민주국의 자유민이라."고 적혀 있어요. 이 문장을 살펴보면 일본제국의 노예가 아니며 조선시대의 전제 정부, 즉 왕이 통치하는 신분 제도의 국가이기를 거부하고 독립한 민주주의 국가의 자유를 누릴 수 있는 국민이 되겠다는 의지를 나타내고 있습니다. 비록 임시정부였지만 그 시작부터 민주주의에 대한 의지를 강렬하게 나타낸 것이죠. 수십 년을 해외로 떠돌던 임시정부는 1945년 8월 15일, 일본의 패망으로 대한민국이 해방을 맞으면서 고국으로 돌아오게 되었죠.

2024년 현재, 우리 헌법은 이러한 역사적 전통을 분명히 밝히고 있습니다. 1987년 10월 29일에 새롭게 만들어 1988년 2월 25일부터 사용하게 된 대한민국 「헌법」은 다음과 같이 시작해요.

유구한 역사와 전통에 빛나는 우리 대한국민은 3.1운동으로 건립된 대한민국임시정부의 법통과 불의에 항거한 4.19 민주 이념을 계승하고, 조국의 민주개혁과 평화적 통일의 사명에 입각하여 정의·인도와 동포애로써 민족의 단결을 공고히 하고, 모든 사회적 폐습과 불의를 타파하며, 자율과 조화를 바탕으로 자유민주적 기본 질서를 더욱 확고히 하여 정치·경제·사회·문화의 모든 영역에 있어서 각인의 기회를 균등히 하고, 능력을 최고도로 발휘하게 하며, 자유와 권리에 따르는 책임과 의무를 완수하게 하여, 안으로는 국민 생활의 균등한 향상을 기하고 밖으로는 항구적인 세계평화와 인류 공영에 이바지함으로써 우리들과 우리 자손의 안전과 자유와 행복을 영원히 확보할 것을 다짐하면서 1948년 7월 12일에 제정되고 8차에 걸쳐 개정된 헌법을 이제 국회의 의결을 거쳐 국민투표에 의하여 개정한다.

앞부분에 '3.1운동으로 건립된 대한민국임시정부의 법통을 계승한다'는 내용이 쓰여 있죠? 그렇다면 대한민국임시정부의 헌법은 어떤 모양이었는지 알아야 현재 우리 헌법을 제대로 이해할 수 있을 것입니다.

대한민국 임시헌법   [시행 1919. 9. 11.]

아대한인민은 아국이 독립국임과 아민족이 자유민임을 선언하도다. 차로써 세계만방에 고하야 인류 평등의 대의를 극명하였으며 차로써 자손만대에 고하야 민족자존의 정권을 영유케 하였도다. 반만년 역사의 권위를 대하야 2천만 민족의 성충을 합하야 민족의 항구여일한 자유 발전을 위하야 조직된 대한민국의 인민을 대표한 임시의정원은 민의를 체하야 원년(1919) 4월 11일에 발포한 10개조의 임시헌장을 기본삼아 본임시헌법을 제정하야 써 공리를 창명하여 공익을 증진하며 국방 급 내치를 주비하며 정부의 기초를 견고하는 보장이 되게 하노라.

제1장 총령

제1조 대한민국은 대한인민으로 조직함.

제2조 대한민국의 주권은 대한인민 전체에 재함.

제3조 대한민국의 강토는 구한국의 판도로 함.

제4조 대한민국의 인민은 일체 평등함.

제5조 대한민국의 입법권은 의정원이 행정권은 국무원이 사법
권은 법원이 행사함.

제6조 대한민국의 주권 행사는 헌법 규범 내에서 임시 대통령
에게 전임함.

제7조 대한민국은 구황실을 우대함.

제2장 인민의 권리와 의무

제8조 대한민국의 인민은 법률 범위 내에서 좌예 각항의 자유
를 향유함.

임시헌법에서 맨 앞에 있는 아대한민국은 감탄사인 "아~"
가 아니고 한자어의 '나 아我'를 말해요. '우리 대한민국은'이
라고 해석할 수 있어요. 위의 헌법을 지금의 우리말로 해석
하면 다음과 같습니다.

우리 대한민국은 우리나라는 독립국이며 우리 민족은 자유국민임
을 선언한다. 이를 세계에 널리 알리고 인류가 평등하다는 큰 생
각을 알리며, 자손들에게 우리 민족이 스스로 존재하는 정치권력

이라는 것을 누리게 할 것이다. 5,000년 역사의 권위를 가지고 2,000만 민족의 정성과 충성심을 더해서 민족의 영원한 자유발전을 위할 것이다. 대한민국의 국민들이 만든 임시국회는 국민의 의견을 받아 1919년 4월 11일에 발표한 10개의 임시헌장을 기초로 삼아 본 임시헌법을 제정한다. 이는 공공의 이치를 알려 공공의 이익을 높이며 국토를 지키는 나라의 구조를 정리해 정부의 기초를 탄탄하게 하기 위함이다.

3.1독립선언서뿐만 아니라 대한민국 임시헌법에서도 독립국으로서의 자유와 평등에 대한 의지를 강하게 이야기하고 있습니다. 또한 국민의 의견을 토대로 하여 공익을 드높이겠다는 것은 민주주의 국가로 나아가겠다는 의지를 표명한 것으로 볼 수 있습니다.

그런데 대한민국임시정부의 헌법에서는 국민이라는 말 대신 '인민'이라는 말을 쓰고 있네요? '인민', '국민', '시민', '주민' 모두 한자어이지만 이 중에서 '인민'은 지금의 대한민국에서는 잘 쓰이지 않습니다. 한자 그대로 풀이하면 '사람들'이라는 뜻인 인민人民은 국민國民, 시민市民, 주민住民이라는 말과 무엇이 다르기에 사용되지 않는 걸까요?

인민, 국민, 시민, 주민의 차이

지금의 민주주의는 서양에서 들어온 이론입니다. 프롤로그에서 말했듯 고대 그리스의 아테네라는 도시국가의 정치 제도에서 빌려오다 보니 그리스어가 영어로 풀이되고 영어를 다시 한자어로 푼 개념어가 여럿 됩니다. 그중 소속이나 정체성을 담지 않은 보통의 '사람들'을 부르는 영어 people을 한자어로 풀이하다 보니 가장 평범한 아무 특색이 없는 단어인 '인민'이 쓰였습니다. 하지만 한국에서는 북한 때문에 더 이상 인민이라는 말을 사용하지 않습니다.

북한의 정식 명칭은 '조선민주주의인민공화국'입니다. 공산주의를 채택한 중국도 '중화인민공화국'이라고 씁니다. 6.25한국전쟁 이후 우리나라는 공산주의와 사회주의, 자본주의와 민주주의로 나뉘어 오랫동안 다퉈왔어요. 그러다 보니 '인민'이라는 단어가 아무래도 공산주의, 사회주의의 말로 느껴지는 것이죠. 이런 이유로 한국에서는 더 이상 인민이라는 말을 쓰지 않습니다. 하지만 임시정부를 수립할 때는 사회주의와 민주주의가 뒤섞여 있었고 사상들끼리 대립하는 정도가 지금보다 약했기 때문에 '인민'이라는 단어를 사용한 거죠. 그렇다면 이번 기회에 국민, 시민, 주민, 인민의 차이점을 알아볼까요?

인민은 앞서 말했듯 보통의 '여러 사람'을 지칭하지만 북한의 말을 그대로 쓰는 것 같아서 사람들이 꺼리는 것뿐입니다. 한국의 정치학자들은 더러 '인민'을 학술적으로 사용하기도 해요. people이라는 영어에 잘 어울리는 낱말이라고 보는 것입니다.

인민을 제외한 국민, 주민, 시민 역시 '여러 사람'을 지칭하지만 그 의미가 조금 차이가 있습니다. 국민은 '국가에 소속된 사람들'을 말하고, 주민은 '거주한다, 살아간다'는 의미를 담고 있죠. 시민은 아테네 사람들처럼 '자기 주권을 직접적으로 지키며 정치에 참여하는 사람들'을 말하고요. 이렇듯 여러 사람을 지칭하는 단어에도 숨어 있는 뜻이 있습니다. 이런 관점에서 '국민'과 '시민'을 비교해 보면 국민은 어쩐지 수동적인 느낌이 듭니다.

신분과 성별에 구분 없이 '모든 사람은 평등하다'

대한민국임시정부의 헌법은 여러 사람을 평등하게 이르기 위해 '인민'이라는 낱말을 사용했습니다. 그리고 제1장 제2조를 보면 주권이 인민 모두에게 있다고 하죠. 특히 제4조에는 대한민국의 모든 사람은 평등하다고 강조하고 있습니다.

여기서 주목할 것은 1919년에 제정한 이 헌법에 성차별이나 신분의 차별이 전혀 보이지 않는다는 거예요. 흔히 민주주의의 대표적인 국가를 꼽으라고 하면 미국을 꼽는데요. 미국은 1920년에 이르러서야 여성들이 투표를 할 수 있는 권리가 생겼어요. 의회민주주의가 발달한 영국도 1918년 2월에야 「인민대표법」이라는 것을 만들어 여성의 정치 참여를 허용했죠. 다만 이때도 30세 이상의 여성에게만 참정권을 주어 20대 여성은 정치 참여를 할 수 없었죠.

반면 왕이 존재하고 신분제 사회였던 조선에서 이어진 대한민국은 신분과 성별에 구분 없이 모든 사람이 평등하다고 선언하고 있습니다. 어느 서방 선진국보다 민주주의 의식이 뒤지지 않은 것입니다. 자랑스럽고 놀라운 일이에요.

일제강점기의 저항운동과 한국전쟁 이후의 회복을 거치며 대한민국은 경제적으로도 정치적으로도 눈부신 성장을 이루었습니다. 그런데 지금은 사회정의가 무엇인지, 무엇이 옳고 그른지 다시 싸우고 있어요. 우리의 사회정의는 왜 이렇게 어려울까요?

자, 이제부터 대한민국에서 논쟁의 핫이슈인 '사회정의'에 대해 본격적으로 이야기해 봅시다.

(함께 고민하고 말하고 싶어)

현재 대다수의 나라가 민주주의로 국가를 통치한다고 주장합니다. 이 민주주의는 고대 그리스 아테네에서 시작되었다고 하죠. 그러나 대한 민국의 역사를 살펴보면 왕이 있을 때도 민중이 들고일어나는 일이 많았어요. 특히 일제강점기의 3.1만세운동은 왕을 다시 세우는 게 아니라 민중이 중심되는 나라를 만들자고 선언했습니다. 한국의 민주주의는 서양의 영향을 받았지만 서구 선진국보다 더 일찍 여성의 참정권을 인정하는 놀라운 면도 있었습니다.

1 민주주의를 이루는 것은 결국 자기 주권을 되찾는 일이기도 합니다. 따라서 3.1운동은 독립운동을 넘어선 민주주의 항거라고 해석하기도 하죠. 3.1운동은 일본의 강제 점령에 저항하는 전 국민이 참여한 운동이었습니다. 독립운동과 민주화운동의 차이점이 있을까요? 있다면 어떤 것일까요?

2 전 세계의 시위는 다양한 형태가 있습니다. 폭력적으로 기물을 파손하기도 하지만 끊임없이 걷는 행진, 구호를 외치는 것, 촛불을 드는 것, 항의하는 장소를 점거하거나, 높은 곳에 올라가 구호를 외치기도 합니다. 3.1만세운동은 여러 사람이 모여서 만세를 불렀는데요. 만세를 부르는 행동에 어떤 의미가 숨어 있을까요?

2부

대한민국은
민주공화국이다

질문있어요

Q1. 성적이 나쁜 사람은 학급회장을 할 수 없나요?

Q2. 법치주의는 항상 옳은가요 ?

Q3. 민주주의와 법치주의가 대치하게 되면 어떻게
　　해야 하나요?

대한민국의 정체성은 대한민국 「헌법」에 나와 있습니다. 우리 사회가 나아가야 할 정의를 분명히 정리해 놓고 있지요.

그렇다면 한 나라를 지배하는 것은 왕과 같은 개인이 아니라 법이어야 했을까요? 인간들이 모여 살기 시작하면서 만든 법과 규칙은 어떻게 시작되었을까요? 법이 없으면 공동체를 잘 만들어 살 수 없는 걸까요?

대한민국은 사람이 아니라 법이 통치하는 나라입니다. 이 법은 여러 사람이 필요에 따라 바꿀 수도 있고, 법에 따라 대한민국의 살림을 맡아서 할 사람을 뽑기도 합니다. 한국 사회에서 만들어진 법의 범위를 알아보고 복잡하고 까다로운 사회구조에 대해서 알아봅시다.

법치주의 국가
대한민국

앞서 얘기한 대로 대한민국이 탄생하는 과정은 쉽지 않았습니다. 자유와 독립, 주권을 회복하겠다는 국민의 의지는 사그라지지 않았고, 결과 해방 이후 독립적인 국가로 성장했습니다. 안타까운 것은 하나의 나라였던 남과 북이 두 개의 나라로 쪼개졌다는 거예요. 해방 직후 여러 사람이 남북을 하나 되게 하려고 애썼지만 복잡한 국제정세와 내부의 문제로 결국 분단되고 말았습니다. 이후 남쪽은 대통령제를 채택하고 국회와 각 지방 정부의 자율적인 운영을 보장하는 형태의 국가 제도를 만들었어요.

1948년 대한민국이 독립국으로 임시정부를 이어받은 대한민국 정부를 수립하면서 7월 17일 대한민국 헌법을 발표했습니다. 이날을 지금은 제헌절로 기념하고 있죠. 당시에 발표한 대한민국 「헌법」 전문은 다음과 같아요.

유구한 역사와 전통에 빛나는 우리들 대한국민은 기미 삼일운동으로 대한민국을 건립하여 세계에 선포한 위대한 독립정신을 계승하여 이제 민주독립국가를 재건함에 있어서 정의인도와 동포애로써 민족의 단결을 공고히 하며 모든 사회적 폐습을 타파하고 민주주의 제도를 수립하여 정치, 경제, 사회, 문화의 모든 영역에 있어서 각인의 기회를 균등히 하고 능력을 최고도로 발휘케 하며 각인의 책임과 의무를 완수케 하여 안으로는 국민 생활의 균등한 향상을 기하고 밖으로는 항구적인 국제평화의 유지에 노력하여 우리들과 우리들의 자손의 안전과 자유와 행복을 영원히 확보할 것을 결의하고 우리들의 정당 또 자유로히 선거된 대표로서 구성된 국회에서 단기 4281년 7월 12일 이 헌법을 제정한다.

이때는 기미삼일운동, 즉 1919년의 3.1운동을 대한민국 정부 수립의 정신이라고 여겼어요. 3.1운동의 정신은 지금의 헌법까지 이어져 내려와 대한민국 정부는 3.1운동의 정신을 계승한 공화국임을 선언하고 있지요.

대한민국은 민주주의 공화국입니다. 공화국은 왕이 없는 국가, 즉 법으로 정한 국민들이 함께 합의해 나간다는 뜻이 있습니다. 하지만 북한에서 '공화국'이라는 단어를 자주 사용하는 탓에 우리는 공화국이라는 단어도 어쩐지 공산주의 용어인 것처럼 꺼리게 되었습니다. 공화국이라는 단어는 공산주의나 사회주의를 말하는 것이 아니라 '왕이 없는 국민들의 나라'라는 뜻이니 더 이상 오해하지 않아도 괜찮아요.

대한민국의 정체성을 담은 헌법

「헌법」 첫 부분을 보며 대한민국이 어떤 나라인지 조금 더 살펴봅시다. 그 나라의 정체성을 보려면 가장 위에 있는 규칙을 보면 돼요. 대한민국은 법으로 다스리는 법치주의 공화국이므로 모든 법의 가장 위에 「헌법」이 있어요. 대한민국 「헌법」이 바로 대한민국의 정체성입니다. 「헌법」에는 우리가 지켜야 하는 모든 상식이 담겨 있어요.

학교에서 학생들을 만나 우리나라 「헌법」에 제일 먼저 나오는 원칙이 뭐냐고 물으면 많은 학생이 "대한민국의 주권은 국민에게 있고, 모든 권력은 국민으로부터 나온다."라고 말해요. 틀린 건 아니지만 그보다 앞서 제1조 제1항에 "대한민국은 민주공화국이다."라고 국가의 정의를 내리고 있어요.

모두가 알고 있고 동의하고 있는 사실을 왜 맨 앞에 둔 걸까요? 강조한다는 뜻이겠죠? 누구 한 사람에 의해 좌지우지되는 것이 아니라 국민들이 합의해 나가는 나라라는 것을 강조한 것입니다. 이어서 민주공화국의 원칙에 따라 "주권은 국민에게 있으며 모든 권력은 국민으로부터 나온다."고 말하고 있어요.

「헌법」제2조에는 대한민국 국민은 누구이며, 국가는 무엇을 해야 하는지 말하고 있습니다. "국민이 되는 요건은 법률로 정한다."라는 말은 그때그때 상황에 따라 국민의 범위를 확대하거나 축소할 수 있다고 가능성을 열어둔 것입니다. 왜 이런 가능성을 열어 두었는지 궁금한가요?

대한민국은 일제강점기부터 많은 국민이 해외로 이주해 나갔어요. 쉽게 말해 난민이 된 거죠. 보호해 줄 나라가 사라지고 일본의 식민지가 되자 먹고 살기 힘들어진 국민들은 일본제국에 강탈을 당하느니 고향 땅을 떠나 해외로 떠난 이들이 많습니다. 그래서 「헌법」제2조 2항에 "국가는 법률이 정하는 바에 의하여 재외국민을 보호할 의무를 진다."라는 내용을 둔 거예요. 재외국민은 외국에 사는 국민을 말하는데요. 어디에 사는 국민까지 재외국민인가에 대한 것은 시대에 따라 조금씩 변하고 있어요. 요컨대 「헌법」은 가장 큰 법이라 쉽게 바꿀 수 없으므로 가능성을 열어 두어 보다 쉽게 바꿀 수 있는 「헌법」 아래의 법들로 그때그때 필요한 내용을 보충하고 수정해 나가는 겁니다.

「헌법」 제3조에는 "대한민국의 영토는 한반도와 그 부속 도서로 한다."고 적어 두어 전쟁으로 갈라진 남과 북이지만 휴전선 아래만 대한민국의 영토라고 규정하지 않았어요. 이를 보충하기 위해 제4조에서는 "대한민국은 통일을 지향하며 자유민주적 기본 질서에 입각한 평화적 통일정책을 수립하고 이를 추진한다."라고 하여 대한민국이 비록 지금은 분단되어 있지만 계속해서 통일을 위해 노력할 것임을 약속했어요.

사회적 빈틈을 막는 헌법의 하위 법

「헌법」은 각 장으로 나뉘어져 있는데요. 위의 내용은 제1장에 있는 내용으로 우리나라의 영토, 헌법, 공무원, 정당이 해야 할 역할에 대해 적어 두었어요.

제2장은 국민으로서 보장받을 수 있는 권리 또는 침해받지 않을 권리, 재산과 자유에 대한 보장, 국민의 의무에 대해 정해두었죠. 「헌법」에 나오는 모든 항목이 잘 지켜진다면 정말 아무 걱정 없이 살 수 있을 거예요. 그러나 사회는 그렇

게 순탄하게 굴러가지 않아요. 그래서 「헌법」에 나온 조항들을 각기 다른 작은 법률로 만들어 빈틈이 생기지 않도록 정해두었습니다.

민주공화국은 한 사람의 결정이 아닌, 여러 사람이 합의해 이루어낸 법으로 통치합니다. 이 법을 어기는 것은 국가와 국민의 약속을 저버리고 배반하는 것과 같습니다. 따라서 법은 사람들이 지켜야 하는 규칙으로 지키지 않으면 그에 합당한 처벌을 받습니다. 어떤 범죄는 그 땅에 속한 사람이라면 자국민이든 외국인이든 누구나 처벌을 받아야 하고, 어떤 범죄는 자국민이 해외에서 저지른 일도 국내에 돌아와 처벌을 받아야 해요.

가령 한국에서 살인을 저지른 외국인이 있다면 외국인이더라도 한국에서 처벌을 받아야 하고, 한국인이 외국에서 마약을 사용했다면 외국에서 저지른 범죄라도 한국에 돌아와서 처벌을 받아야 하죠. 법은 범죄의 형태와 사회에 끼칠 영향을 고려해서 원칙을 조금씩 다르게 적용합니다. 이렇게 법을 촘촘하게 만들어둔 이유는 무엇일까요?

권리와 의무를 법으로 규정해 놓지 않으면 누군가는 이 원칙을 깨고 제멋대로 하려 들기 때문이에요. 한국뿐만 아니라 다른 나라도 마찬가지입니다. 인간은 숭고하고 훌륭한 일을 하기도 하지만 전혀 그렇지 않을 때도 있습니다. 인간이 인간담게 서로 어울려서 살아가고 상대방을 해하지 않으면서 이성적으로 판단하고 합리적으로 서로를 배려할 수 있게 하려고 법과 제도라는 장치를 만든 것입니다.

그렇다면 이제 법과 제도에 대해 조금 더 근본적인 이야기를 해볼까요?

인간은 왜
약속을 하며 살아갈까?

인간과 동물의 차이점은 무엇일까요? 도구를 사용하는 것, 말을 하는 것, 두 발로 걷는 등 여러 가지가 있습니다. 그중 가장 큰 차이점은 언어를 사용한다는 거예요. 인간은 언어를 가지고 제도와 도구를 만들어 왔어요. 서로 말이 통하지 않으면 배워서 익히고 통역을 하면서 의사소통하려고 노력해 왔지요.

혼자서는 살아갈 수 없는 인간

원시시대를 상상해 봅시다. 인간은 차차 도구를 사용하고 불을 사용하고 언어를 사용해 문자를 만들었습니다. 그리고 언제부턴가 여러 명이 모여 살기 시작했어요. 인간이 모여 사는 이유에 대해서 생각해 본 적 있나요? 진화를 거듭해 지능이 높아지고 도구 사용 능력도 좋아진 지금의 인류가 각자 혼자 산다고 상상해 본 적은요? 자연 상태에서 혼자 지낸다면 인간은 과연 얼마나 살아갈 수 있을까요?

지금의 내가 산속에서 혼자 살아야 한다고 생각해 보세요. 나무에 열린 열매를 따 먹고 냇물을 찾아 물을 마시고 나무를 베어 잠자리를 만들 수는 있겠죠. 하지만 인간보다 힘이 세고 굶주린 동물을 만나게 되면 어떡하죠? 한두 번은 운 좋게 물리친다 해도 오래 버티긴 어려울 거예요. 추위와 더위는 어떤가요? 나뭇잎으로 옷을 만들어 입을 수는 있겠지만 한겨울의 추위를 막기는 어려울 겁니다. 한 사람의 힘은 자연 속에서는 아무것도 아니에요. 아무리 뛰어난 인간이라도 자연을 이겨낼 수는 없어요.

하지만 한 사람이 둘이 되고 셋이 되면 힘은 조금 더 세져요. 굶주린 동물의 공격도 이겨낼 수 있고요. 동물들에겐 미안한 일이지만 가죽으로 옷을 만들어 입고 혹독한 추위를 견딜 수도 있어요. 인간은 이렇게 점점 무리를 이루어 자연의 변화와 동물들의 습격을 물리치며 살아왔습니다. 그리고 사람이 많이 모일수록 힘이 세졌어요.

그런데 사람이 많아질수록 문제와 갈등이 생겼습니다. 의견이 맞지 않거나 더 욕심 많은 사람이 있거나 힘으로 다른 사람을 지배하고 골탕 먹이는 사람도 생겼죠. 힘이 센 사람이 모든 것을 결정해 버리고 욕심까지 많다면 힘이 약한 사람은 괴로워집니다. 약하게 태어난 것은 자기 자신이 결정할 수 있는 게 아닌데, 약하다는 이유로 손해를 봐야 한다면 인류는 어떻게 될까요?

약자가 사라지면 세상엔 강한 사람만 남을까?

아무리 힘이 세다고 해도 혼자선 호랑이를 이길 수도, 치타보다 빨리 달릴 수도, 코끼리를 들어 올릴 수도 없어요. 우리는 가끔 흥분해서 날뛰는 개 한 마리와 싸워서 이기지 못할 수도 있습니다. 하지만 여러 사람이 모여서 살면 유리한 점이 생겨요. 각자의 능력이 다른 덕분이죠.

어떤 사람은 달리기를 잘하고 어떤 사람은 사냥 능력이 뛰어나서 함께하면 동물을 사냥해 올 수 있습니다. 손재주가 뛰어난 사람은 동물의 가죽을 벗겨 옷을 만들 수 있고요. 사람 사이에 싸움이 벌어지면 그 사이에서 갈등을 중재하고 싸움을 멈추게 만드는 사람도 있어요. 이렇게 각자의 능력이 다른 사람들이 모여 국가의 기초적인 체계가 만들어졌어요. 인류는 이것을 '공동체'라 불렀습니다.

공동체는 처음에는 작은 마을 규모였지만 다른 마을을 침략하기도 하고 화해하기도 하면서 그 영역을 늘려나갔어요. 사람이 많아질수록 다양한 능력이 많아지니 싸움에 유리해졌어요. 그래서 먹을 것이 부족하거나 살아갈 땅이 척박해지면 더 풍요로운 땅을 차지하기 위해 계속 싸웠지요. 전쟁을 통해 발전하고 화해하고 국가를 만들어 나간 거죠.

그런데 무수히 모여든 사람들이 공동체 안에서 함께 살아가기 시작하자 규칙이 필요해졌습니다. 예를 들어 우리끼리는 사람을 죽이지 않는다거나 먹을 것을 함부로 빼앗지 않는다거나 갈등이 생겼을 때는 마을의 대표자를 찾아가 심판을 받는다거나 비가 오지 않으면 마음을 다해 제사를 지낸다거나 하는 등.

여기서 잠시 생각해 봐요. 원시시대에는 사냥과 채집으로 먹을 것을 얻었습니다. 그래서 원시시대의 마을에서는 동물을 잡을 수 있거나 열매를 따올 수 있는, 즉 일할 수 있는 사람이 가장 쓸모 있는 사람이었습니다. 그러면 쓸모 있는 사람들끼리만 모여 살면 훨씬 더 많이 먹을 수 있고 살기 좋지 않았을까요? 그러나 인간은 그렇게 하지 않았어요. 일을 할 수 없는 노인도, 어린이도, 약한 사람도 모두 함께 모여서 살았어요. 어린이는 자라면 쓸모 있는 일꾼이 될 것이고, 노인들은 한때 마을의 여러 사람을 위해 열심히 일해 왔으니 그 수고를 인정한 것이죠. 사냥을 나갔다가 다쳐서 일을 하지 못하게 되더라도 그들을 버리지 않았어요. 그 증거는 인간의 뼈가 증명한다고 해요.

고대 인류가 살았던 곳에서 발굴된 인간의 뼈는 어린아이도 있고, 늙은 사람도 있고, 다친 사람도 있대요. 지금의 이라크에 있는 샤니다르 동굴은 인간이 어떻게 문명을 이어왔는지 증명해 주는 곳입니다. 이곳은 네안데르탈인이 살던 곳으로 이 동굴을 발견했을 때 9구의 유골이 있었어요. 그중 한 유골은 젊어서 다친 흔적이 있었고 당시에는 노인으로 여겨진 40세 정도까지 살았다고 합니다. 누군가가 이 남성을 돌보고 치료한 흔적이 있다고 해요. 네안데르탈인은 현생 인류가 되지 못하고 사라졌지만 이처럼 누군가를 돌보며 함께 살아간 인류 문명의 위대한 유산이라고 해석하기도 합니다.

인간의 힘은 어디서나 상대적이에요. 누군가 약해졌다고 외면해 버리면 계속해서 약한 사람들이 버림받게 됩니다. 그러면 결국 누가 남을까요? 강하고 힘센 사람들만 남게 되겠지만 그 마을은 오랫동안 유지될 수 있을까요? 서로 힘을 과시하려고 싸우다가 모두 죽어 버릴지도 모릅니다.

고대의 인류는 '모든 사람은 다 각자의 재능이 있고 그만

큼의 가치가 있다'라는 평등사상을 인정하고 있었던 것으로 보입니다. 어떤 고대국가는 끊임없는 전쟁으로 영토를 넓히다 사라져 버렸고, 어떤 고대국가는 다른 나라의 침략을 계속 견디면서 살아남았어요. 강한 자만 살아남는 세상이 옳다면, 계속해서 다른 나라를 침략했던 거대한 제국들이 지금껏 살아있어야 합니다. 하지만 역사는 그렇지 않다는 것을 증명해 줘요.

인류는 '평화'를 통해 공생을 선택했다

사람들은 펭귄을 좋아합니다. 짧은 날개를 팔처럼 움직이며 뒤뚱거리는 모습이 마치 인간의 아기를 떠올리게 하기 때문이죠. 남극에 닥친 기후위기를 알리기 위해, 자연의 위대함을 알리기 위해 남극과 펭귄은 다큐멘터리의 단골 소재예요.

몇 년 전에 MBC 방송국에서 〈남극의 눈물〉이라는 다큐멘터리를 만든 적이 있어요. 기후위기로 위험해지고 있는 남극의 이야기를 담았지요. 그중 펭귄들의 귀여운 모습도 엿볼 수 있는데요. 귀여운 펭귄 떼를 영상으로 담던 촬영 팀에게 위기의 순간이 다가와요. 자이언트패트롤이 나타난 것이지요.

자이언트패트롤은 도둑갈매기라고도 하는 큰 새예요. 새

끼 펭귄을 잡아먹거나 펭귄알을 먹어요. 자이언트패트롤이 새끼 펭귄을 사냥하려 하자 새끼 펭귄이 카메라로 다가갔어요. 마치 살려달라고 하는 것처럼요. 다큐멘터리는 자연을 그대로 담아내기 때문에 생태계의 먹고 먹히는 일에 개입하지 않는 것이 원칙이에요. 카메라 감독은 한 발 뒤로 물러서서 새끼 펭귄을 지켜보았어요. 이 다큐멘터리에서 내레이터는 "자이언트패트롤의 새끼들도 먹이를 기다리고 있을 것이다."라고 말해요. 이렇듯 자연계는 끊임없는 전쟁 상태예요. 평화로운 상태가 아닙니다. 잡아먹고 잡아먹히는 것이 자연계의 원리예요.

인간은 이러한 약육강식의 세계를 성공적으로 막아냈어요. 바로 '평화'라는 개념을 도입해 싸우지 않고 서로 잡아먹지 않으며 죽이지 않고 공생하기를 선택했죠. 그 결과가 지금의 공화국 제도이며 법치주의이고 민주주의예요. 인류는 약한 사람도 함께 살아갈 때 문화적 자산이 풍부해지고 아름다워질 수 있다고 판단했어요. 이것이 인류 공생의 약속이에요. 힘없는 인간들이 모여 인류라는 거대한 공동체를 만들어 지구에서 살아남을 수 있게 된 것은 각자의 부족함을 인정하며 모두가 약자이고 강자일 수 있다는 '평등'과 '자유'의 사상을 가지고 합의해 왔기 때문입니다.

권력의 부패를 막는
선거와 임기

평등과 자유를 통해 약자든 강자든 모두가 함께 살아가는 세계를 선택했다지만, 인류가 살아오면서 늘 평등과 자유에 근거해 합의를 잘해온 것은 아닙니다. 그랬다면 그 수많은 전쟁은 설명할 수가 없어요. 각 나라들은 더 좋은 영토를 차지하거나 더 많은 물자를 획득하기 위해 전쟁을 벌였어요. 때로는 자존심이 상한다는 이유로 전쟁을 벌이기도 했죠. 축구를 하다가 전쟁을 벌인 나라도 있고, 나라 안의 권력을 잡기 위해 다른 나라와 전쟁을 벌이는 군주들도 있었어요. 전쟁의 이유는 다양해요.

환경에 따라 달라지는 인간의 본성

　인간의 본성에 대한 논란은 고대 시대부터 있었어요. 인간은 착하게 태어났다는 '성선설'과 악하게 태어났다는 '성악설'을 두고 싸움이 벌어지기도 했죠.

　사람은 다양한 면을 가지고 있어요. 태어나고 성장하면서 여러 사람을 만나고 경험하는데 무엇이 옳고 그른지 판단할 수 없는 환경일 수도 있고 그렇지 않은 환경일 수도 있어요.

　그래서 대부분의 사람은 자신이 경험한 것, 자기가 믿어온 것을 바탕으로 행동합니다. 즉 자신이 속한 가족과 학교, 내가 사는 지역사회와 뉴스를 통해 다른 사람들이 사는 모습을 보고 배우며 그중 자기가 할 수 있는 것을 골라 따라 하며 살아가게 되는 거죠. 이런 걸 두고 '인간은 환경의 영향을 받는다'고 이야기해요.

　가령 도둑질로 살아가는 마을에서 자란다면 물건을 훔치는 일은 아무렇지도 않은 일이 될 거고요. 말끝마다 욕을 하는 환경에서 자란다면 그게 정당한 언어 습관인 줄 알겠죠. 반대로 다른 사람을 돕고 작은 꽃과 나무를 소중히 여기는 세상에서 자란다면 그런 행위가 올바르다고 생각할 겁니다.

성취감이 과하면 벌어지는 일

낯선 것을 경계하고 무서워하는 것은 생존에 있어 당연한 일입니다. 모르는 것을 두고 두려워하지 않았을 때, 모르는 것을 함부로 만졌을 때 쉽게 다칠 수 있으니까요.

이런 인간의 습관은 '성취'와도 관계가 있어요. 내가 무언가를 노력해서 얻게 되면 그다음부터 노력을 하면 뭔가를 이룰 수 있다고 믿게 되죠. 예를 들어 어릴 때 자전거 타는 것을 힘들게 배우고 나면 평생 자전거 타는 것을 잊지 않아요. 다음에는 스케이트도 탈 수 있을 거라고 자신감을 느끼게 되죠. 아이스스케이트를 배우다가 여러 번 빙판에 넘어져도 포기하지 않고 스케이트를 잘 타게 된 사람은 인라인스케이트에도 쉽게 도전합니다. 피아노를 배운 사람은 다른 악기에 도전하는 걸 어렵게 여기지 않아요. 이런 성취감은 사람들이 계속 발전해 나가게 만드는 힘이 됩니다.

하지만 성취감도 과하면 해로워요. 노력하고 애써서 무언가를 얻어낸 사람이 성취감에 중독되어 버리면 더 큰 욕심을 부려요. 권력을 추구하게 되지요. 권력은 다른 사람을 지배하거나 마음을 사로잡거나 자기 의견을 쉽게 통과시킬 수 있는 힘을 말해요.

쉽게 예를 들어볼까요? 민준이는 처음으로 열심히 공부를 했는데 운 좋게도 공부한 것들이 시험 문제에 나와 좋은 성적을 받았어요. 기분이 좋아진 민준이는 다음 시험에도 열심히 공부해 연거푸 좋은 성적을 거두었어요. 성적이 좋아지자 주변 사람들이 칭찬을 해줘요. 처음에 민준이는 운이 좋았다고 생각했지만 여러 번 반복되자 운이 아니라 자신의 노력이 더 크다고 생각하게 됩니다. 물론 민준이는 노력을 많이 했어요.

공부 잘하는 학생으로 알려진 민준이는 이제 학급회장 선거에 출마하라는 권유를 받아요. 학급회장은 꼭 성적이 좋을 필요는 없지만 주변 어른들이 공부도 1등이니 당연히 회장이 되어야 하지 않겠냐고 해요. 듣고 보니 그런 것도 같아요. 여태 성적 1등이 아닌 친구가 학급회장이 되는 일이 많았는데, 어른들의 말을 들어보니 민준이는 성적 1등이 학급회장이 되는 것이 더 잘 어울리는 것처럼 느껴집니다.

민준이는 회장 선거에 출마해 당당히 회장이 되었어요. 공부를 열심히 한 덕에 읽는 능력이 빨라졌고 책을 많이 읽게 되니 말솜씨도 좋아졌거든요. 비록 스스로 해낸 생각은 아니었지만 예전에 읽은 책에 있는 멋진 말들을 연설문에 끼워 넣었어요. 모두 민준이의 연설이 멋졌다고 합니다. 이제 민준이는 주목받는 학생이 되었어요.

그러자 뭔가를 바꿔보고 싶었어요. 그리고 성적이 떨어질까 봐 불안해지기 시작했죠. 민준이는 쉬는 시간에도 공부를 해야 성적을 유지할 수 있을 것 같았습니다. 그런데 쉬는 시간에 떠들고 뛰어다니는 친구들이 방해되었어요. 민준이는 학급회장이니 이 문제를 해결하기로 결심해요. 그래서 친구들에게 '쉬는 시간에도 학생의 본분에 맞게 자율학습을 하자'고 말해요. 같은 반 친구 중 몇 명은 어이없다는 표정을 지었어요. 한 친구가 민준이에게 항의했어요.

"쉬는 시간은 엄연히 쉬어야 하는 우리의 권리 아냐? 학급회장이라고 해서 다른 사람의 쉬는 시간까지 네가 원하는 대로 통제하는 건 옳지 않아!"

그러자 민준이가 대답했어요.

"내가 원하는 대로가 아니라 우리 모두를 위한 거야. 학생이 공부에 전념하는 게 뭐가 나빠?"

항의했던 친구가 다시 받아쳤어요.

"학생은 공부만 하면 되냐? 그럼 체육 시간은 왜 있고 음악 시간은 왜 있냐? 그리고 회장은 왜 뽑냐? 학급자치운영을 하라고 회장을 뽑은 거고, 우리 문제를 스스로 해결하라는 거잖아. 그래서 네가 회장이 된 거 아니야? 학생이 공부만 한다면 네가 회장이 될 이유도 없잖아!"

듣고 보니 민준이도 친구의 말이 옳은 것 같아요. 하지만 여기서 물러설 순 없죠. 민준이가 머뭇거리고 있을 때 담임선생님이 등장했어요.

"무슨 일이야?"

아이들이 자초지종을 설명하자 선생님이 말했어요.

"좀 조용히 쉬는 게 좋긴 하지. 쉬는 시간이 쉬라고 있는 거지 뛰어다니고 소리 지르라고 있는 시간은 아니지 않니?"

선생님은 아무래도 민준이의 편을 들어준 거 같네요. 아이들은 화를 내며 자리에 돌아가 앉았지만 선생님은 완강했어요. 민준이는 이제 자기 말이 누구의 말보다 힘이 세다는 걸 깨달았어요. 자, 이제 민준이는 어떤 학급회장이 될까요? 민준이가 계속 승승장구하며 성적도 좋고 주변 어른들의 칭찬을 받으면서 겸손해질 수 있을까요? 아니면 다시 성적이 떨어질까 전전긍긍하며 다른 사람들의 자유까지 억압하는 사람이 될까요? 어떻게 될지는 아직 잘 몰라요.

사람들은 권력에 약하고 권력은 곧 부패한다

일단 힘을 갖기 시작하면 그 힘을 빌려 자기 이득을 취하려는 사람이 늘어납니다. 힘을 가진 사람뿐 아니라 그 주변의 다른 사람들까지 말입니다. 이런 힘을 이용하는 사람들이 범죄를 저지르기도 해요. 권력을 가지면 돈도 가질 수 있고 자기 맘대로 뭐든 할 수 있다고 믿는 사람이 있기 때문입니다.

1957년 사람들이 권력에 얼마나 약한지 보여주는 사건이 있었어요. 당시 대한민국의 대통령은 이승만이었고 이승만 대통령만큼 유명한 권력자인 이기붕 씨가 있었죠. 이기붕 씨는 이승만 대통령의 비서실장을 지내고 서울시장도 지냈어요. 자기 아들인 이강석을 이승만 대통령의 양자로도 보냈지요. 이강석은 대통령의 아들이 되었으니 사회적인 위치가 바뀐 셈이에요.

1957년 경주 지역에 어느 청년이 경찰서에 나타나 이렇게 말해요.

"아버지가 명령하셔서 경주 지방을 살피러 왔습니다."

이 청년은 자신이 대통령의 양자인 이강석이라고 말했어요. 대통령 아들이 갑자기 나타나 대통령의 명령을 수행하러 왔다고 하니 경찰서는 깜짝 놀랐겠죠? 지금이라면 조회도 해 보고 대통령실에 전화도 했겠지만 인터넷은커녕 전화도 흔치 않던 시절이라 쉽게 속아 넘어갔어요.

경찰서장은 이강석에게 푸짐한 음식을 대접하고 경호차까지 제공해서 경주 관광을 도왔어요. 이 청년은 경주 관광을 끝내고 바로 옆인 영천으로 건너가 영천경찰서에서도 비슷한 대접을 받고, 안동으로 갔죠. 안동 지역에서는 부자들을 만나 '수재를 입은 국민들이 어려우니 수재의연금을 많이 내라'고 잔소리도 했어요. 이어서 대구로 갔어요. 소문을 들은 경상북도청은 대통령 아들을 위해 관사까지 내주었고 경북도지사도 대구로 한달음에 달려왔죠.

경북도지사는 예전에 대통령 아들 이강석을 만난 적이 있었어요. 그런데 대구에 왔다는 이강석을 보니 자기가 봤던 얼굴이 아닌 것 같더랍니다. 경북도지사는 이강석과 같은 학교에 다니는 자기 아들을 불러 이강석이 맞는지 확인해 보라고 했어요. 경북도지사의 아들은 저 청년은 자기와 같은 학교를 다니는 이강석이 아니라고 말해 주었죠. 이렇게 해서 경북도지사는 이강석이라고 주장했던 청년을 체포합니다.

알고 보니 이 청년은 이기붕의 아들이자 이승만의 양아들인 이강석이 아니고 강성병이라는 평범한 청년이었어요. 주변에서 '이강석을 많이 닮았다'고 해서 장난을 쳐봤다는군요. 이 사건은 곧 신문에 실려 세상에 알려졌습니다. 대통령 아들을 사칭한 강성병 씨는 재판에서 '내가 대통령 아들이라 하니 경찰과 군수들이 나에게 아첨했다'면서 권력을 대하는 사람들의 태도를 비꼬았어요. 사람이 권력을 가지면 어떻게 중독되는지, 어떻게 부패하는지를 보여주는 사건입니다. 이강석 씨와 강성병 씨는 모두 불행한 최후를 맞았어요. 이승만 정부는 4.19혁명으로 물러나게 되었죠. 이 또한 권력은 영원하지 않다는 걸 증명해 준 사건이에요.

사람은 누구나 욕심이 있어요. 때로는 욕심이 사람을 살아 가게끔 하지요. 더 좋은 성과를 만들고 더 발전하게 만들 수 도 있어요. 욕심이 무조건 나쁜 건 아니랍니다.

그러나 욕심을 다른 사람을 옥죄는 데 사용하면 그때부터 는 걷잡을 수 없습니다. 인간은 욕심에 쉽게 굴복하는 경우 가 많고 권력을 쥔 사람이 잘 처신하더라도 권력 주변에 붙 어 있는 사람들이 다른 사람의 자유를 훔쳐 자신의 것으로 만 들기도 합니다. 이런 행위는 사회의 위협이 되죠. 그래서 법 치를 중시하는 민주주의 국가에서는 개인의 양심에만 힘의 분배를 맡기지 않고 법적으로 여러 장치를 만들었어요. 가장 대표적인 것이 대통령을 비롯한 국회의원 등 선출직 공직자 들의 임기입니다. 학급 회장이 한 학기에 한 번만 회장을 할 수 있는 것처럼요.

대한민국은 대통령의 권한이 큰 나라예요. 국가의 중요한 일을 결정할 대법관을 임명할 수 있고, 행정부를 통솔하기 위해 각 장관을 추천하거나 임명할 수 있어요. 장관을 임명 할 때는 인사청문회를 거쳐야 하는데 국회에서 인사청문회 를 거쳐 승인해 주지 않더라도 대통령의 권한으로 청문회 없 이 장관으로 임명할 수도 있어요.

게다가 대한민국 대통령은 군대의 최고 통수권자예요. 군대는 상사의 명령을 아래 계급이 따르지 않으면 안 되는 상명하복으로 움직이니 대통령의 명령을 어길 수 없어요. 물론 민주적인 상사라면 부하들의 의견을 묻고 결정에 참고하겠지만, 어쨌거나 군대는 계급이 높은 사람이 책임지고 통솔하는 것이 원칙입니다. 이렇게 군대를 동원해 무력으로 사람들을 통제할 수도 있는 막강한 권한이 주어지기에 대한민국은 대통령을 단 한 번 5년만 할 수 있게 법으로 규정했습니다. 이를 '5년 단임제'라고 해요.

사실 5년 단임제가 된 이유는 대한민국의 역대 대통령 중에 반인권적이며 비민주적인 행동을 한 사람이 적지 않기 때문입니다. 이승만 대통령은 부정선거를 저질러 대통령에 재선되었다가 앞서 얘기한 4.19혁명으로 쫓겨나 멀리 하와이로 떠났어요. 박정희 대통령은 나라를 구한다는 명분으로 탱크를 몰고 청와대로 들어가 정권을 잡은 후 17년간 헌법을 계속 바꿔가며 대통령직을 유지했지요. 전두환 대통령 역시 박정희 대통령과 비슷한 방법으로 군대를 몰고 청와대에 들어가 스스로 대통령이 되었어요. 그는 대통령 임기 중에 대통령을 반대하는 수많은 시민을 죽이기까지 했지요.

이처럼 대통령이 잘한 일과 잘못한 일을 따져 묻기 전에 대통령이 막강한 권력을 쥐고 사람들을 죽였는가를 먼저 살펴야 할 정도로 비참한 역사가 있었기에 1987년 대통령 선거를 전 국민이 참여하는 직선제 투표로 바꾸고, 5년을 임기로 하며, 단 한 번만 대통령을 할 수 있도록 한 거예요.

선출직 공직자의 임기는?

대통령 외에 선거로 선출되어 정부의 일을 하는 직업은 국회의원과 지방정부의 단체장, 교육감, 광역의원, 기초의원이 있습니다.

국회의원은 4년이 임기인데 연거푸 당선될 수 있어요. 몇 번이고 국회의원이 될 수 있기 때문에 거의 평생을 국회의원으로 산 사람도 있습니다. 김영삼 전 대통령, 박준규 전 국회의원, 김종필 전 국회의원은 무려 아홉 번이나 당선되었으니 국회의원 임기 4년을 곱하면 36년간 국회의원을 한 셈이죠.

지방정부의 단체장인 도지사나 시장, 군수는 임기 제한이 있어요. 세 번 연속으로 당선되어 일을 하고 나면 다시는 출마할 수 없습니다. 대신 두 번 연속으로 당선되었다가 한 번 쉬고 다시 세 번 연속 당선되어 일할 수는 있어요. 하지만 아직 다섯 번까지 당선된 사람은 없어요.

교육감은 지방정부의 교육 정책을 책임지는 사람으로 서

울시나 경기도처럼 특별시, 광역시, ○○도로 끝나는 지역이 광역단체에서만 선출합니다. 교육감은 지방정부의 의원과 관료를 뽑을 때 같이 뽑아요. 임기는 4년이고 지방자치단체장과 같이 세 번 연속해서 할 수 있어요.

기초의원과 광역의원은 각자 사는 도시에 따라 부르는 이름이 다른데요. 서울특별시, 부산광역시, 대구광역시, 인천광역시, 광주광역시, 대전광역시, 울산광역시는 광역의원을 시의원, 기초의원을 구의원이라고 합니다. 그 외 경기도, 충청남북도, 경상남북도, 전라남북도, 제주도는 광역의원을 도의원, 기초의원을 시의원이라고 해요. 강원도와 전라북도는 특별자치도가 되었지만 지방의회의 의원들은 예전과 같아요.

이 기초의원과 광역의원은 지방정부의 살림을 맡아 하는데 선거로 선출되고 임기는 4년이에요. 그런데 당선 횟수에 제한이 없어서 여러 번 할 수 있습니다. 대한민국은 건국 초기에는 지방정부를 인정하고 지방선거를 통해 각 지방의 의회가 따로 구성되도록 했지만 1961년 5.16쿠데타로 박정희 대통령이 정권을 잡으면서 지방선거가 폐지되었어요. 이후 1991년에 지방선거가 부활되었는데 그때부터 지금까지 지방의회의원을 하는 의원도 있습니다. 무려 아홉 번이나 당선된 거죠.

그런데 잘 살펴보세요. 대통령을 제외하면 국회의원이나 기초의원, 광역의원은 여러 번 당선만 되면 사실상 임기에 제한이 없습니다. 지방단체 단체장도 두 번 당선되고 한 번 쉬고 하는 방법을 쓴다면 임기에 제한이 없죠. 저는 선출직 공무원들은 임기에 제한이 있는 게 형평성에 맞는 것 같은데 여러분 생각은 어떤가요?

권력을 견제하고 균형을 맞추는 삼권분립

의원이라는 이름이 붙는 직책을 입법부라고 합니다. 법을 만드는 역할을 하고 정부의 돈이 어디에 쓰이는지 심사심의를 하죠. 쉽게 말해 국회의원, 도의원, 시의원, 구의원이 각 정부의 입법부가 됩니다.

단체장이라고 하는 군수, 시장, 도지사는 지방정부 행정부의 대표자예요. 이들은 의원들이 만든 법을 실행하는 일을 하는데, 이들도 법을 만들어 달라고 의회에 제안할 수 있습니다. 행정부의 최고 대표자는 대통령이고, 행정안전부, 복지부, 여성가족부나 각 도청, 시청, 군청부터 동주민센터까지 모두 행정부가 됩니다. 직접 일을 하는 사람들이에요.

사법부는 범죄를 따져 묻는 역할을 하며, 재판을 하는 법원이 대표적입니다.

자, 범죄를 놓고 한 번 살펴봅시다. '법을 어겼다'는 말은 그 법을 누군가는 만들었다는 이야기입니다. 이 법은 입법부에서 만들고 행정부에서 범인을 잡고 사법부에서 판결해요. 범죄자를 잡아들이는 경찰과 검찰은 사법부가 아니라 행정부 소속이에요. 행정부는 여러 종류의 '부처'가 있는데, 경찰은 행정안전부에 속해 있고, 검찰은 법무부에 속해 있습니다.

범죄는 법을 어겼다는 의미입니다. 그러면 일단 법이 있어야 법을 어겼는지 안 어겼는지 알 수 있지 않겠어요? 어떤 잘못을 저질렀다 하더라도 그 사람의 행동에 대한 법이 없으면 처벌할 수 없습니다. 예를 들어 예전에는 동물을 버리거나 학대해도 벌을 받지 않았어요. 그런데 입법부에서 '동물을 학대하면 안 된다'는 법을 만들었기 때문에 이제는 동물을 학대하면 벌을 받습니다. 동물을 보호하는 것이 옳다고 생각한 국회의원들이 이 법을 만들었기 때문이에요.

지금은 동물을 학대하는 사람이 발견되면 행정부인 경찰이 수사를 하고 동물을 학대한 게 맞다고 판단하면 법무부에 소속되어 있는 검찰에게 이 사람을 벌해달라고 요청합니다. 그러면 검찰에서 일하는 검사가 '이 사람은 동물 학대를 저질렀으니 지금 있는 법에 따라 어떤 벌을 받는 게 좋겠습니다'라고 재판을 신청해요. 그다음에 사법부가 나서서 검찰과 잡혀 온 범인의 이야기를 다 들어보고 어떤 처벌을 내릴지 결정합니다. 이 사람이 처벌을 받기 위해 감옥에 가거나 벌금을 받아내는 것은 행정부인 법무부에서 합니다.

이렇게 대한민국은 입법, 행정, 사법 세 가지 체계가 톱니바퀴처럼 맞물려 돌아가며 일해요. 이를 교과서에서는 '삼권분립'이라고 부르는데 셋 중 어느 하나가 다른 힘에 기울어지면 균형이 깨지죠. 그래서 서로 감시하고 보충하며 나라를 끌어 나가요.

시민주권을
보장하는 제도

민주주의 국가는 권력을 분산해 누구도 절대지존이 되지 않게 장치를 만듭니다. 그중 하나인 삼권분립은 세 가지 권력이 고르게 형평을 유지하며 한쪽으로 권력이 쏠려 부정한 일이 벌어지지 않게 막아요. 그러나 입법부, 행정부, 사법부 이 세 권력이 모두 부패하거나 한 팀이 되어 국민을 속여 넘길 수도 있습니다. 또는 행정부의 힘이 막강해져서 사법부와 입법부가 행정부의 입맛에 맞춰 꼭두각시가 될 수도 있고요.

그래서 선거에 참여하는 것이 매우 중요합니다. 아무리 권력을 쥐고 있어도 국민들이 뽑아주지 않으면, 즉 시민의 선택을 받지 못하면 권력 가까이 다가갈 기회도 없으니까요. 하지만 선출해 준 시민들과 약속한 일을 지키지 않거나 선거 기간에 내뱉은 것이 모두 거짓이었다는 걸 알게 되는 일도 생깁니다. 선출된 권력자가 꼭꼭 숨겨왔던 부정부패 비리가 당선 이후에 알려지는 일도 발생하죠. 정책적으로 추진하려는 일이 적절하지 않은 시기에 시민들의 요구와 어긋나서 시민들과 갈등을 생기는 일도 있고요.

이럴 경우 임기를 모두 채울 때까지 기다려줘야 할까요? 시민과 약속한 일이 지켜지지 않거나 부당한 일이 발생할 때 시민주권을 행사하는 방법을 찾아봅시다.

대화와 협상

우선 시민들이 선출된 정치인과 협상해 나가는 방법이 있습니다. 가장 평화로운 방법으로 시도해 보는 거지요. 우리도 누군가와 싸우고 싶을 때 먼저 이야기를 해보라고 배우지 않았나요? 마찬가지예요. 서로 입장이 다를 수 있고 오해도 있을 수 있으니 지금 알려진 일이 사실인지 아닌지를 먼저 이야기해 보는 거죠.

국가는 거대한 조직이라서 시장, 군수, 도지사라도 마음대로 할 수 없는데도 시민들과 합의하지 않고 몰래 추진하는 경우가 있어요. 그러다가 지역에 문제가 생겼을 때는 일단 만나서 말로 해결하는 게 가장 좋습니다. 가령 지역에 쓰레기장이나 화장장 같은 폐기물 시설을 지을 때 대부분의 주민은 환영하지 않을 것이므로 갈등이 생기기 쉽죠. 그러면 시설을 짓고자 하는 쪽에서 시민들에게 적절한 보상을 하면서 타협해 나가는 게 원칙입니다. 그런데 선거로 뽑힌 정치인이 시민과 합의도 하지 않고 막무가내로 '우리 지역에 꼭 필요한 시설'이라면서 추진해 버리면 시민들은 당연히 화가 나겠죠? 대한민국은 개인의 재산을 법적으로 보호하고 있으며 개인의 행복추구권도 「헌법」에서 보장하고 있어요. 그러므로 시민들은 '내가 싫다는데 왜 당신 마음대로 하느냐'며 항의할 수 있습니다.

시위

이야기를 나누어 원만히 합의에 이르지 못하면 시민 제안이나 관계 기관 게시판에 글을 올리는 방법도 있습니다. 1990년대 이후부터 지방정부와 지방의회는 시민들이 게시판에 글을 올리거나 문제를 제기하는 전화를 하면 공무원들이 그 일을 어떻게 처리하겠다고 답변해야 합니다. 이는 시민주권을 행사하는 비교적 온건한 방법이에요. 이런 방법으로

도 대화가 잘되지 않는다면 행동에 나서야 합니다. 성명을 발표해서 반대 의견을 지역사회에 알리고 각 언론사에 '시민들은 시장의 계획에 반대한다'는 내용도 보내요. 피켓을 만들어 시청이나 군청 앞에서 시위할 수도 있죠. 시위는 구호를 외치며 피켓을 외치는 일, 행진하는 일, 예술가들과 함께 퍼포먼스 하는 일 등 여러 가지가 있어요. 평화로울 수도 있고 과격해지는 일도 발생해요. 가두행진만 하기로 했는데 시민들의 권리행사를 보호해야 할 경찰이 강제진압을 하거나 무작위로 체포하는 경우에는 시위 중에 폭력이 일어나기도 해요.

2000년대 이후 한국에서의 시위는 비교적 평화로운 편입니다. 유럽 등지에서는 경찰차에 불을 지르거나 물건을 파손하는 등의 시위도 종종 일어나요. 한국 사회는 이제 그런 방식은 다른 시민들의 동의를 얻지 못한다고 생각하는 것 같습니다. 주로 여러 명이 모여 피케팅을 하거나 1인 시위를 계속 이어 나가거나 천막을 치고 한 구역을 점거하는 방식을 많이 씁니다.

요즘은 전광판이 달린 트럭을 빌려 시내를 뱅뱅 돌기도 해요. 시위는 꼭 공공기관을 상대로만 하는 것이 아니라 기업을 향하기도 합니다. 주로 나쁜 물건을 팔았거나 소비자를 우롱하는 행위를 한 기업체가 대상이죠. 언젠가 게임 회사의 과금 문제에 대해서 게임 유저들이 시위를 했는데 전광판에 요구사항을 적은 트럭을 게임 회사가 있는 경기도 성남시 판교 지역으로 뱅뱅 돌아다니게 하거나 그 회사 앞에 계속 세워놓았어요. 시위의 형태는 계속 새로운 것이 생깁니다.

시위를 하지 않고 법적으로 해결할 방법도 있습니다. 바로 주민조례발의(또는 조례발의청구)와 주민소환입니다. 주민조례발의는 우리 지역에 필요한 조례를 만들어달라는 요구를 정식으로 하는 것이고, 주민소환은 시장, 군수, 도지사 등 지방정부 단체장과 지방정부 의원, 단체장, 교육감을 임기 전에 해임하는 것입니다.

앞서 「헌법」은 가장 큰 법이고, 그 아래 각각의 세부적인 법이 있다고 했는데요. 그 외에도 준칙, 훈령, 시행령 등 여러 종류의 법이 있어요. 조례는 지방정부에서 자치적으로 만들 수 있는 법이에요. 부연 설명하자면 민법, 형법, 행정법은 '법의 종류'를 말하는 것이고, 법령, 준칙, 시행령, 조례는 '법의 위계'를 말합니다.

위계라는 것은 높고 낮은 것을 말하는데요. 조례는 지방정부에서 만드는 것이기 때문에 그 위에 있는 더 큰 법을 어길 수는 없어요. 만일 우리나라의 법 중에 "사람을 키가 작다고 해서 차별하면 벌을 받습니다."라고 정해두었다면, 내가 사는 동네에서 "키가 작은 사람은 버스를 탈 수 없어요."라는 조례를 정할 수 없다는 말입니다. 지방정부에서 정한 조례는 '무엇을 해보자'라는 것에 가깝기 때문에 처벌을 할 수 있는 법이 아닙니다. 「형법」에 이미 처벌 조항이 있는데 지역마다 처벌할 수 있는 법을 마구 만들면 혼란스럽겠죠? 그래서 조례는 처벌에 관한 것보다 우리 고장에 필요한 것을 만듭니다.

예를 들어 우리 지역에 공공병원이 필요하다면 공공병원을 지을 돈이 필요하겠죠? 정부의 돈은 모두 세금이고, 국민이 낸 세금을 이런 용도로 쓰려면 법적인 근거가 필요합니다. 그래서 주민들에게 걷은 세금을 여기에 쓰겠다는 약속을 만들고 이를 지키기 위해 지역에서 만드는 작은 법, 즉 조례를 만드는 것입니다. 또 우리 지역의 아파트노동자를 보호하려면 아파트노동자보호조례를 만들어 그 법에 근거에 아파트노동자를 보호할 정책을 만드는 거죠.

조례는 주로 지방의회 의원들이 만듭니다. 하지만 이제 주민들도 조례를 만들 수 있어요. 예전에는 주민들이 조례를 만들어 달라고 지방정부 단체장에게 요구하는 '주민조례발의청구제도'가 있었어요. 그런데 2022년 「지방자치법」이 개정되면서 주민들이 직접 조례를 발의할 수 있게 되었지요. 정식 명칭은 '주민조례발안'이에요. '주민이 만드는 조례의 안(내용)을 발의한다'라고 해서 '발안'이라고 써요. 주민들은 이제 조례를 직접 만들 수도 있고 이전에 만든 조례를 폐지할 수도 있어요. 단, 조건이 있습니다. 일정한 인원이 모여서 조례를 발의하는 것에 찬성한다는 서명부를 만들어야 합니다. 서명부는 어떤 사안에 동의하는 사람들이 직접 자기 이름을 쓴 명부예요. 조례 발의에 필요한 사람 수는 각 지방정부의 인구 규모에 따라 조금씩 다릅니다.

지방정부의 시장, 군수, 도지사 등을 임기 전에 해임하는 주민소환 역시 주민조례발안과 마찬가지로 일정 규모의 사

주민소환은 국회의원과 대통령에게는 할 수 없어요.

국회의원은 임기 동안 자신이 국회의원으로서 한 일에 관해 수사를 받지 않고 체포당하지 않을 권리가 있습니다. 이를 '불체포특권'이라고 하죠. 하지만 누가 봐도 명백한 범죄를 저지른 경우에는 국회에서 전체 회의를 해서 '아무래도 ○○○ 의원은 체포해서 수사를 하는 게 옳겠다'고 결정하는 경우도 있습니다.

국회의원이 아무 때나 체포되지 않게 된 건, 과거 대통령의 권력이 너무 커서 국회의원을 마구잡이로 가두고 구속하고 수사하고 심지어 납치, 실종되는 경우도 있었기 때문입니다. 그래서 대통령, 행정부, 사법부를 감시하라는 의미로 국회의원에게 불체포특권을 준 것이죠. 국회의원을 마구잡이로 체포할 수 있다면 대통령을 탄핵하거나 감시할 체계가 없어지기 때문이에요.

현재 대한민국에서는 시민들이 대통령을 소환할 수 없습니다. 국회에서 탄핵을 결정해 헌법재판소에 재판을 맡겨야 탄핵할 수 있어요. 물론 국회의원도 비슷한 절차로 탄핵할 수 있습니다. 국회에서 의원을 탄핵하기로 결정하고 탄핵하는 것이 마땅한지를 헌법재판소에 재판을 열어 물어보는 절차를 거칩니다.

람들이 동의해야 합니다. 마찬가지로 해당 지역의 인구 규모에 따라서 동의하는 사람의 수는 달라집니다. 상당히 쉬울 것 같지만 인구 5만 정도 되는 지역에서는 1만 명 이상의 동의 서명을 받아야 하는데 보통 일이 아니에요. 정말로 주민들이 똘똘 뭉치지 않는 이상 쉽지 않죠. 아직 주민소환제가 성공한 적이 없는 것만 봐도 알 수 있습니다.

이렇듯 한국의 정치제도는 복잡하면서도 촘촘하게 짜여 있습니다. 그리고 1991년 지방의회가 부활한 이후 각 지방 정부는 지역의 필요한 조례들을 만들고 적절한 제도를 채택 하고 있습니다.

시민 모니터링과 지역 언론

지방정부와 지방의회는 지방정부에서 거둬들인 세금과 중 앙정부에서 나눠주는 돈을 어디에 써야 하는지 잘 살피고 적절하게 배분하는 결정을 나누어서 합니다. 예를 들어 지방정부에서 노인복지를 위해 1년에 10억 원을 쓰겠다고 예산을 세우면 지방의회에서는 그 돈의 규모가 적절한지 심의합니다. 모자란 것 같으면 더 보태라는 의견을 낼 수 있고, 너무 과하다 싶으면 그 돈을 쪼개 다른 곳에 쓰는 것이 어떻겠느냐고 제안할 수도 있죠.

이렇게 지방정부와 지방의회가 잘 합의하면 문제가 없는데 자기가 속한 정당에 유리하게 만들려고 또는 상대 정당에 불이익을 주려고 권력을 사용해 반대를 위한 반대를 하는 경우가 있습니다. 이런 일들은 널리 알려져야 바로 잡을 수 있는데 시민들이 관심이 없으면 잘 알려지지 않죠. 그래서 어떤 지역은 시민들이 모여 매번 의회에서 열리는 회의를 모니터링하고 의원들을 평가해서 시민들에게 공개하기도 해요. 지역 언론도 중요한 역할을 하고요.

우리 지역의 소식을 잘 취재해 전달하는 언론사가 있다면 감시 역할을 잘할 수 있습니다. 그러나 많은 사람이 중앙 언론의 소식에만 귀 기울이고 정작 내가 사는 지역의 일에 대해선 무관심하기 때문에 지역 신문은 만들어도 잘 팔리지 않고 인터넷에 뉴스를 올려도 조회 수가 많이 나오지 않고 있죠.

지역 언론사들은 지역 주민의 관심이 없으면 살아남을 수 없습니다. 아무리 작은 언론사라도 취재를 나가고 운영하려면 비용이 있어야 해요. 그런데 지역 주민의 관심이 없으면 경제적인 어려움을 극복하지 못해 문을 닫거나 지역 권력에 아첨하여 광고를 따내는 일에 집중할 수밖에 없습니다. 지역 언론이 사라지는 것은 지방정부와 지방의회를 감시할 수단이 없어지는 것이므로 매우 안타까운 일이에요.

시민들은 상황이 나빠지기 전에 많은 것을 선택할 수 있습니다. 우선 선거를 통해 의원과 단체장*, 교육감을 잘 뽑을 수 있고, 그 이후에도 여러 가지 방법으로 계속해서 감시할 수 있습니다. 가장 중요한 것은 시민들의 단결된 관심이에요. 권력이 제멋대로 행동하는 것을 가만두지 않겠다는 의지가 필요하고 권력은 부패하기 마련이라는 걸 잊지 말아야 합니다.

인간은 생각보다 나약해요. 작은 권력을 가진 사람은 큰 권력에 아첨해서 더 많은 권력을 얻고자 하죠. 그러나 많은 사람이 당신에게 기대를 하고 있고, 잘 해낼 거라고 믿으며, 좋은 사람이라고 칭찬할 준비가 되어 있다고 계속해서 알려 주면 그 사람은 좋은 정치인이 될 수 있습니다.

관심은 일종의 사랑입니다. 사랑하는 사람이 생기면 그 사람의 생각이 궁금하고 말과 행동에 어떤 의미가 담겨 있는지 알고 싶어지죠. 마찬가지로 내 삶의 터전을 사랑하게 되면 내가 사는 마을에 관심을 두게 되고, 내가 사는 지역이 더 나아지길 바라게 돼요. 나를 사랑하고 내 이웃을 사랑할 때, 우리는 더 나은 세상을 만들어 나갈 수 있어요.

• 여기서의 단체장은 지방자치단체, 즉 지방정부인 도, 시, 구를 말합니다.

(함께 고민하고 말하고 싶어)

대한민국의 법 체계는 다음과 같습니다.

	제1단계	→	헌법
	제2단계	→	법률 · 조약 등
	제3단계	→	대통령령
	제4단계	→	총리령·부령
	제5단계	→	행정규칙 · 자치법규

또한 대한민국의 지방자치제도는 인구에 따라 다음과 같이 나뉩니다.

	특별시	서울
광역 자치 단체	광역시	부산, 대구, 인천, 광주, 대전, 울산
	도	경기도, 강원특별자치도, 충청북도, 충청남도, 전북특별자치도, 전라남도, 경상북도, 경상남도, 제주특별자치도

1 경기도와 강원도를 제외한 충청도와 전라도, 경상도는 남도와
북도로 나뉘어져 있습니다. 충청북도와 충청남도는 동서로 나
뉘어져 있는데 왜 남도와 북도라고 했을까요? 또한 전라남도와 경
상남도는 나란히 붙어 있는데, '서해도'와 '동해도'라고 하면 이상할
까요? 왜 우리나라의 광역자치단체는 모두 '남', '북'으로 표시했을
까요? 여러분은 어떻게 생각하세요?

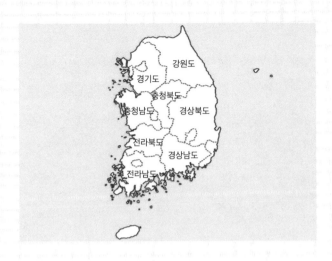

2 인구가 가장 많고 도시도 복잡한 경기도를 두 개로 나누려는 논란이 있습니다. 현재 경기도의 북쪽과 남쪽으로 분리하자는 건데요. 만일 경기도를 두 개의 도로 나눈다면 여러분은 어디에 선을 긋고 싶나요? 경기도를 두 개로 나눠보고 그 이유를 설명해 봅시다.

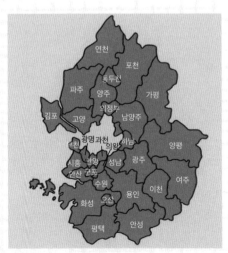

3부

정의로운
시민권

질문있어요

Q1. 정의에 관한 딜레마가 뭐예요?

Q2. 민주주의는 정의로운가요?

Q3. 정의롭고 공정한 나라를 만들려면 어떻게 행
   동해야 하나요?

지금 한국 사회는 여러 문제에 대해 서로 대립하고 있습니다. 누군가에게 유리하면 누군가에게 불리하다는 의견이 팽팽하죠. 왜 이런 일이 자꾸 벌어질까요? 그리고 우리가 추구하려는 세상은 어떤 모습일까요?

한국 사회에서 벌어진 대형 사회재난에서부터 우리 주변에서 흔하게 벌어지는 싸움을 살펴보며 왜 일어나는지 생각해 봅시다. 또한 우리를 골치 아프게 만드는 정의에 관한 딜레마에 대해서도 고민해 봅시다.

정의는 원칙입니다. 원칙을 알기 어려울 때는 어떤 것을 기준으로 삼아야 할지, 인간이라면 어떤 방향으로 세상을 바라봐야 할지 함께 살펴봅시다.

정의란 무엇인가

앞서 시민이 어떻게 주권을 갖게 되었고, 대한민국은 어떻게 민주주의를 발전시켜 왔는지 살펴보았습니다. 「헌법」에서 대한민국의 모든 힘은 국민에게서 나온다고 했으니 지금 이 책을 쓰는 저와 읽는 여러분 모두 막강한 힘을 가졌습니다. 하지만 일상에서도 그렇게 느끼나요? 내가 나라의 주인이라는 말, 잘 와 닿지 않을 때가 많습니다. 다 거짓말 같을 때도 있어요. 원치 않는데 강요받을 때, 정부의 정책이 하루아침에 바뀌어 내 생활에 불편이 생겼을 때가 바로 그렇습니다.

어른이 되어 일을 하고 돈을 벌게 되면 정부의 결정이나 세심하지 못한 정책 때문에 큰 피해를 겪는 경우도 있습니다. 과연 우리의 민주주의는 정의로우며 정의로운 나라를 만들기 위해 주권을 잘 행사하고 있는 걸까요?

옳은 것과 그른 것은 어떻게 판단하지?

저는 2015년부터 학교를 찾아가 민주시민교육 강의를 하면서 학생과 선생님들을 만났습니다. 그럴 때마다 "여러분이 꿈꾸는 세상은 어떤 세상인가요?"라고 물어봅니다. 돌아온 대답은 대체로 비슷한데요. '정의로운 세상', '공정한 세상'을 꿈꾼다고 합니다. 그러니까 많은 사람이 꿈꾸는 세상은 정의롭고 공정한, 즉 억울한 일을 겪지 않아도 되는 세상이었어요.

우리는 일상에서 '정의롭다'라는 말을 잘 쓰지는 않아요. 대신 "옳지 않아!"라든가 "그게 맞지." 또는 "그건 좀 아닌 듯?"이라는 입말로 바꿔서 표현해요. 맞다, 옳다, 틀리다, 좀 아니다… 이런 판단하는 말로 매일 다양한 상황을 맞닥뜨리고 여러 가지 장면을 봅니다. 가령 이런 거요.

사례1 나와 친한 친구 A와 B가 서로 다투고 토라져 있습니다. B가 먼저 A에게 사과했다고 말하기에 저는 "그래, 잘했어."라고 칭찬해 줬어요. B가 좀 억울할 수도 있겠지만 먼저 사과하고 화해하자고 제안한 건 용감하고 장한 행동이며 올바르다고 생각하기 때문입니다.

사례2 8차선 도로에서 무단횡단하는 사람을 보면 놀라서 입을 떡 벌리고 생각하죠. '저건 쫌 아닌 듯.' 옳지 않은 행동이라고 생각하는 거예요. 누가 물어보지도 않았는데 말이죠.

이렇듯 우리는 다른 사람들의 행동이나 장면을 봤을 때 그 행동이 옳은지 옳지 않은지 순간적으로 판단합니다. 마음속으로 판단한 것을 입 밖에 내거나 SNS에 적어 올리면서 옳지 않은 행동을 한 사람을 비난하는 건 각자 선택이죠.

이밖에 우리가 '옳다', '그르다'를 판단하는 상황은 어떤 때일까요?

- ☑ 학급에서 남학생은 1번부터 14번이고, 여학생은 15번부터 28번일 때
- ☑ 저학년이 먼저 밥을 먹어야 하니 6학년은 10분 늦게 급식 식당에 들어오라고 할 때
- ☑ 다른 학교는 삼선슬리퍼를 허용해 주는데 우리학교는 안 된다고 할 때
- ☑ 체육대회를 할 테니 남학생만 체육실로 가서 물건을 나르라

고 할 때

☑ 휴대폰으로 시간표를 확인하고 있는데 어른들이 공부 안 하

고 휴대폰이나 보고 있다고 할 때

우리가 생각하는 정의는 어떤 과정으로 형성되었는가

인간은 태어나자마자 '가족'이라는 작은 공동체를 만납니다. 가족은 꼭 낳아준 사람이어야 하는 건 아닙니다. 갓난아기는 누군가 돌봐주지 않으면 생명을 유지할 수 없어요. 이후에도 살아남았다는 건 누군가 돌봐주었다는 의미입니다.

이 작은 공동체는 한 아기가 세상 밖으로 나가는 첫 번째 문지기 역할을 합니다. 이곳에서 아기는 인간으로서 지켜야 할 것들을 하나씩 배워나갑니다. 음식은 누군가가 공들여 키운 작물이고 누군가의 수고가 들어간 것이므로 소중하게 생각하고 먹어야 한다는 것, 화장실에서 볼일을 볼 때는 문을 닫고 혼자 처리해야 한다는 것, 길가에 돌멩이를 함부로 차면 내 발도 아플 수 있지만 누군가가 다칠 수도 있다는 것, 개미가 지나간다고 짓밟으면 안 된다는 것 등.

가정뿐만이 아닙니다. 이 세상에 먼저 태어나 살아간 사람들이 대를 이어서 세상을 살아가는 원칙을 알려줍니다. 대

개는 세상에 있는 모든 것은 소중하고 함부로 다루지 말아야 한다는 것입니다. 아이들은 자라면서 이러한 원칙을 배우거나 스스로 깨닫습니다. 친구가 내 마음을 상하게 했다고 때리면 안 된다는 것, 내가 힘이 센 줄 알았지만 분명히 나보다 센 녀석이 있다는 것, 친구가 밥을 먹고 있을 때 식판을 엎으면 안 된다는 것도 배웠을 거예요. 옳은 일을 하면 칭찬이 따라오므로 열심히 따라 하기도 했겠지만, 대부분의 아이는 옳고 그른 일을 배우고 스스로 깨쳐가며 행동합니다. 이처럼 인류는 옳은 일을 하면 세상이 조금은 더 살만해진다고 믿기 때문에 문명을 만들어 나가며 진보해 왔어요.

인간은 때로 진보하고 때로 보수적으로 되는데요. 보수적이라는 것은 지금의 상태를 유지하려는 생각이고, 진보는 말 그대로 앞으로 나아가려는, 즉 변화하려는 마음입니다. 그런데 여기서 '앞으로 나아간다'는 것은 생각하기 나름이라 헷갈릴 수 있어요. 쉽게 말해 과거에 당연하게 생각했던 것들을 '그렇지 않다'고 주장하는 것을 진보라고 할 수 있습니다.

모든 인간은 보수성과 진보성을 갖고 있습니다. 위험한 상황에 부닥쳤을 때나 생명을 지켜야 할 때는 보수적인 태도를 갖는 게 당연합니다. 예를 들어 바람이 부는 벼랑 끝에 서 있다면 움직이지 않는 게 좋겠죠? 하지만 허리에 단단한 끈이 묶여 있고, 그 끈이 절대 풀리지 않을 것이고, 바람도 불지 않고, 벼랑 아래에 안전장치도 있다면 우리는 벼랑 끝을 내려다볼 수 있을 겁니다. 이렇듯 모험해도 될 것 같을 때 인류는 더 나은 미래를 위해 전진을 거듭했어요. 하지만 모험하다가 죽을 것 같다면 전진하지 않는 게 맞겠죠?

인류는 더 많은 사람이 더 많은 물자와 권력을 나누게 되면서 진보해 왔습니다. 한 사람에게 집중된 큰 권력을 작게 나누어 여러 사람에게 분배해 왔죠. 그러나 권력을 가지지 못한 사람이 훨씬 더 많았고, 그들이 권력을 나눠 갖기 위해 수백 년간 싸워온 결과, 왕이나 제후와 같은 소수의 사람이 가졌던 큰 권력이 잘게 쪼개져 우리에게까지 온 것입니다. 이것을 우리는 '정의로운 평등'을 향해 전 인류가 싸워왔다고 말할 수 있어요.

시대에 따라 달라지는 정의의 판단 기준

우리가 생각하는 정의는 자유와 평등을 위해 싸워온 인류의 역사가 만들어낸 결과입니다. 그러나 국가가 생기고 경제 구조와 사회가 복잡해지면서 정의에 대한 논란이 시작되었습니다. 나라마다 옳다고 말하는 것이 다르고 시대에 따라 옳은 것이 달라졌기 때문입니다.

예를 들어 1980년대만 해도 학교 선생님이 학생들을 체벌하는 게 아무렇지도 않았습니다. 모든 선생님이 그런 것은 아니었지만 어떤 선생님은 손 들고 서 있는 벌을 내리기도 했고 학생을 교실 밖으로 내쫓기도 했어요. 회초리가 아닌 몽둥이나 출석부로 얼굴을 가격하는 경우도 있었고요. 당시에도 출석부나 슬리퍼로 사람을 때리는 것은 잘못됐다고 생각했지만 손 들고 벌서는 것 정도는 괜찮다고 여겼습니다. 하지만 지금은 어떤가요?

여기서 우리는 '정의'에 대해 헷갈립니다. 그때는 맞고 지금은 틀린 일들이 상당히 많거든요. 정의는 늘 달라지는 걸까요? 이런 문제에 대해 학자들은 오랫동안 정의와 진리에 대해 탐구해 왔어요. 학자들의 논쟁은 분명하지 않은 것에 관해서 계속해서 의심하고 질문하며 진리를 찾아가는 과정이었습니다. 그 결과 시대에 따라 달라지는 기준은 정의라기보다는 관습에 가깝다고 보았습니다. 과거에 옳은 것이었으니 지금도 옳은 것이 아니라, 그때는 그것이 기준이었고 지금은 지금의 기준에 따른다고 보는 거죠. 앞서 말했듯 세상은 더 많은 자유와 평등을 위해 나아가야 하니까요. 그러니 우리는 지금의 세상보다 조금 더 나은 미래를 위해 어떤 원칙들을 가져야 하는지를 고민해야 합니다.

정의에 대한 딜레마

저는 감히 정의는 '어울려 사는 법'을 바탕으로 하되 인간의 존엄을 지키는 원칙이기를 바랍니다. 《정의란 무엇인가》라는 책에도 나오는 이야기인데, 정의가 무엇이냐고 물을 때마다 항상 제기되는 문제는 소수를 위해 다수가 희생하는 것이 옳은지, 다수를 위해 소수가 희생하는 것이 옳은지에 대한 겁니다. '다수결의 원칙'이란 게 있어서 그런지 다수를 위해 소수가 희생하는 것이 옳다고들 생각하기 쉬운데 재난 상황이나 소수가 약자가 되면 이야기가 달라집니다. 소위 갈등 상황에 빠지는 거죠. 우리는 이런 것들을 '딜레마'라고 불러요.

타이타닉 침몰 사고에 대한 이야기 들어본 적 있나요? 1912년 세계에서 가장 호화로운 유람선이라 광고했던 타이타닉호가 북대서양을 항해하다 빙산에 부딪혀 침몰한 사건을 말합니다. 그 배에는 유흥을 즐기며 배를 타고 여행하는 사람도 있었지만 고향을 떠나 낯선 나라에 가서 돈을 벌기 위해 배를 탄 사람도 있었어요. 어쨌든 이 배는 영국에서 출발해 미국으로 항해했습니다. 항해 도중 빙산에 부딪혀 배가 두 동강이 났죠. 이때 타이타닉의 선장은 부족한 구명정에 여성과 어린이를 먼저 태우자고 했습니다. 구명정에 타지 않으면 살아남기 힘들었지만 꽤 많은 사람이 구명정의 자리를 여성과 어린이에게 양보했습니다. 여성과 어린이는 침몰 사고가 났을 때 생존율이 낮고 미래 세대를 위해서는 여성과 어린이가 우선되어야 한다는 윤리적인 판단이 있었기 때문입니다.

만약 이 사건을 다수결에 의해 결정했다면 어땠을까요? 당시 타이타닉호의 총 승선 인원은 2,224명, 그중 어린이는 100여 명, 여성은 400여 명에 불과했어요. 나머지는 성인 남성이었죠. 배가 침몰하여 구명정을 선택해야 하는데 다수를 위해 소수가 희생해야 한다는 논리를 들이댔다면 타이타닉 승선 인원 중 여성과 어린이는 모두 죽고 성인 남성 중에서도 일부만 살아남았을 거예요. 당시 총생존자는 710명으로 알려졌는데, 타이타닉은 약자를 보호한 구조 활동 때문에 두고두고 전설이 되었어요. 영화로 만들어져 전 세계인의 마음을 울린 것도 바로 이런 숭고한 희생정신 때문이었죠.

영화 이야기를 하나 더 해볼게요. 미국의 유명한 영화감독인 스티븐 스필버그가 만든 전쟁영화 〈라이언 일병 구하기〉도 정의에 대해 고민하게 하는 이야기입니다. 농촌지역에 사는 한 여성이 남편을 잃고 아들 넷을 키워냈어요. 네 아들 모두 전쟁에 나갔는데 큰아들, 둘째 아들, 셋째아들마저 전사해 버렸어요. 남은 것은 막내아들뿐이에요. 지휘관은 부대에 명령을 내려요. "이 여성의 넷째아들, 라이언 일병을 구해오라."

일병은 이등병 다음 계급으로 입대한 지 얼마 되지 않은 평범한 신입 병사예요. 전투력이 뛰어난지 지략이 좋은지 알 수 없어요. 군 지휘부는 라이언 일병을 구하기 위해 소대 하나를 파견합니다. 라이언 일병을 구하러 떠난 이들은 극 중에서 계속 갈등해요.

'병사 하나를 구하기 위해 소대원 여덟 명이 목숨을 거는 게 과연 맞는 일인가. 이게 정의로운 일인가. 그러다 여덟 명이 모두 죽고 라이언까지 죽어 버리면 이게 맞는 작전인가?'

저는 이런 질문을 받은 적이 있어요. 다른 책에도 많이 나오는 딜레마 사례예요.

"나는 열차 기관사입니다. 눈앞에 한 아이가 철도에 묶여 있습니다. 이유는 묻지 마세요. 살다 보면 별의별 일이 다 있으니까요. 나는 철도를 탈선시켜야 그 아이를 구할 수 있습니다. 하지만 내 열차에 탄 사람들이 크게 다치거나 죽을 겁니다. 심지어 내가 죽을지도 몰라요. 이럴 때 그 아이를 살리기 위해 열차를 탈선시키는 게 맞습니까?"

라이언 일병 구하기와 한 아이를 구하기 위해 열차가 탈선할 것인지를 결정하는 문제에 대한 질문에 저는 이렇게 대답했습니다. 실패할 것 같아도 구하러 가야 한다고요. 왜냐하면 그 사람은 혼자 있고 우리는 여러 명이니까요. 고립된 사람을 구해내는 것이 효율적이지 않더라도, 설령 그로 인한 희생이 있을 것 같아도, 아직 일어나지 않은 일에 대해 나쁜 결과가 있을 것이라고 단정 짓지 말고, 여러 명의 지혜를 모으면 더 좋은 일이 나타날 수 있을 거라는 희망을 품고, 여러 명이 한 사람을 구하는 것이 옳다고요. 여기에 제시된 그 한 사람, 즉 라이언 일병과 철로 위의 한 아이는 누군가 도와주지 않으면 생존 가능성이 더 낮은 사람입니다. 저는 스스로 살아남을 수 있는 사람보다 살아남기 더 어려운 사람을 도우러 가는 것이 옳다고 생각해요. 그것이 바로 인간과 동물의 차이점이라고 믿어요.

트롤리 딜레마에서도 마찬가지입니다.

나는 열차 기관사입니다. 내가 운행하는 철도 위에 다섯 명이 일하고 있습니다. 이 속도로 가다가는 모두 죽일 거 같습니다. 주위를 둘러보니 비상 선로가 있고 한 명이 일하고 있습니다. 비상 선로로 가면 다섯 명은 살릴 수 있지만 한 명은 죽습니다. 나는 어떻게 해야 할까요?

철도 갈림길의 다섯 사람과 한 사람 역시 저는 비슷하게 판단할 거예요. 철로에서 일을 하는 다섯 사람 중에 적어도 한 사람은 기차가 빠르게 달려온다는 것을 알아챌 거라고 믿어보는 거죠. 그리고 운전사인 저는 최선을 다해 그들이 알아차릴 수 있는 행동을 할 겁니다. 브레이크를 잡는다거나 경적을 울려 큰 소리를 낸다거나 몸을 내밀어 고함을 지르겠죠.

한 사람이 할 수 있는 일은 생각보다 적습니다. 혹시라도 듣거나 보는 것에 어려움을 겪는 사람이라면 더더욱 그렇죠. 하지만 다섯 명 정도 된다면 위험을 피할 확률이 훨씬 높을 거예요. 저라면 이런 이유로 더 적은 수의 사람을 구하는 쪽으로 갈 겁니다. 홀로 있는 사람은 정말 약한 존재니까요.

'정의'는 인간이 존엄성을 지키며 함께 살아갈 수 있게 만들어 나가는 가치입니다. 누구라도 '이것이 정의다'라고 단정 지어 말할 수는 없어요. 우리는 단지 함께 살아가면서 무엇이 가장 인간의 존엄성을 높일 수 있는 일인지를 생각해야 할 뿐입니다.

범죄 없는 세상은
정의로울까?

1980년대에는 경찰서마다 '정의사회구현'이라는 말이 붙어 있었어요. 이때의 '정의사회'는 범죄가 사라진 세상으로, 정의는 '범죄'의 반대 개념이었습니다. 범죄는 남의 물건을 훔친다거나 싸움을 하다가 사람을 다치게 한다거나 거짓말로 남을 속여 돈이나 물건을 훔치는 등 나쁜 행위를 말해요.

범죄는 사회가 발전할수록 함께 발달합니다. 종류도 다양해지고 일반인들은 상상하기도 어려운 기술을 쓰기도 하죠. 지금은 거의 사라졌지만 오래전에 한국 사회는 소매치기라는 범죄가 자주 일어났어요. 길을 걷다가, 버스 안에서, 지하철 안에서 순식간에 지갑이 사라지는 거예요. 소매치기들은 교묘한 기술로 남의 가방이나 안주머니에 넣어둔 지갑을 털

어갔어요. 이 범죄는 신용카드 사용이 늘어나고 CCTV가 보급되면서 점차 사라졌습니다. 현금을 들고 다니는 사람이 적으니 지갑을 훔쳐도 그 수고에 비해 소득이 낮았던 거죠.

소매치기, 도둑, 사기꾼, 강도 같은 강력 사건이 없는 세상은 정의로운 세상일까요? 이런 폭력 범죄 외에도 약한 사람을 왕따시키거나 괴롭히는 행위, 어린이 방임이나 데이트 폭력과 같은 드러나지 않는 나쁜 행위도 있습니다. 정의로운 사회가 되려면 범죄에 준하는 이런 나쁜 행위에 대해서 어떻게 대처해야 할까요?

범죄는 줄었는데 사회는 정의로워졌나?

우리나라에서 개인 범죄는 잡아들이기 쉬운 편이에요. 모든 국민이 주민등록번호를 가지고 있고 남성은 군대를 제대한 후에도 예비군이나 민방위로 전환되어 국방의 의무를 더해야 하죠. 지금은 개인정보보호에 대한 의식과 인권 의식이 높아져 불가능한 일이지만 예전에는 불심검문이라고 해서 길에서 경찰이 지나가는 사람에게 신분증을 요구하거나 가방 검사를 하는 일도 흔했어요. 대신 요즘은 수시로 음주 운전 단속을 해서 운전자들의 신분증을 검사하다가 수배자나 범죄자를 발견한다고 해요.

이런 이유로 우리나라는 개인이 저지른 범죄를 잡아들이는 비율이 다른 나라에 비해 상당히 높은 편이에요. 2009년까지 한국의 범죄자 검거율은 90%에 육박했고 2021년에는 조금 낮아져서 81.2%였어요. 통계에 의하면 2017년과 2019년에는 살인범 검거율이 100%였다고 해요.

강력 범죄 검거율이 이렇게 높은데 왜 우리는 사회가 정의롭지 못하다고 느낄까요?

범죄를 저지를 만한 이유가 있다고요?

범죄를 연구하는 학자들에 의하면 범죄자들은 범죄 또는 범죄에 준하는 행위에 대한 피해자인 경우가 많다고 합니다. 2000년대 이전 범죄자들은 범죄를 저지를 만한 이유를 대체로 쉽게 파악할 수 있었고, 그 이유가 충분히 납득되는 경우도 있었죠. 어린 시절에 돌봄을 받지 못했다거나, 학대를 당했다거나, 다른 유형의 범죄에 노출되어 피해자가 되었지만 그 피해에 대한 치료 과정이 없었다거나, 기본적인 교육을 받지 못했다거나…. 범죄자들을 조사해 보니 성장기에 충분한 돌봄과 사랑을 못 받은 사람이 많다는 거죠. 그런데 2000년대 이후에는 원한이나 이유가 없는 범죄가 급증하기 시작했습니다. 여러분이 많이 들어본 '사이코패스'라는 말도 최근에 생긴 말이에요. 이전의 범죄는 원인과 결과가 있었다면, 지금은 원인을 알 수 없는 범죄가 늘어나고 있어요.

여기서 우리가 주의할 점은 범죄를 저지를 만한 이유가 있다고 해서 범죄 행위를 용납할 수 있는 것은 아니라는 겁니다. 환경이 어렵거나 학대를 받았다고 해서 모두가 범죄를 저지르는 것은 아니에요. 나쁜 환경에서 자라도 좋은 사람이 될 수 있습니다. 사람은 대부분 '더 나은 인간'이 되기 위해 노력하니까요.

이런 범죄 분석은 범죄자들을 심층 면접하고 분석한 결과일 뿐 범죄는 그 어떤 이유로도 범죄 행위를 용납할 핑계가 될 수 없어요. 범죄는 대부분 힘이나 지능을 이용해 자기보다 약한 사람이나 자기를 잘 믿어주는 순수한 마음을 악용하는 거예요. 인간이 추구해야 할 존엄성에 반대되는 행위이므로 절대로 허용해서는 안 됩니다.

우리의 분노가 향할 곳

2000년대 이후의 범죄 중에 가장 극악한 것을 뽑자면 연쇄

살인 또는 N번방 사건과 같은 디지털 착취물을 만들고 퍼트리는 겁니다. 2000년대 이전의 연쇄살인은 얼토당토않지만 그냥 '돈이 필요해서' 또는 '나를 화나게 해서' 등의 이유가 있었어요. 그러나 우리 사회의 소득 수준이 높아지면서 최근에는 돈이나 감정의 문제가 아닌 그저 살인을 즐기는 범죄자들이 나타나기 시작했습니다.

범죄 연구자들은 고도로 발달한 사회에서 이런 현상은 필연적으로 나타난다고 해요. 국가 산업이 발달하고 다수의 국민이 경제적으로 풍요로워질 때 오히려 사회와 고립되는 인간이 나타나 범죄에 빠진다는 거죠.

한국 사회는 이런 부류의 범죄를 없애기 위해 각종 제도와 기술을 적용하고 있어요. 교통카드로 대중교통 수단을 이용한다면 어디에서 타고 내렸는지 금방 알 수 있고, 곳곳에 CCTV나 주변 차량의 블랙박스를 확인할 수도 있습니다. 신용카드를 결제하면 어디서 무엇을 샀는지 모두 파악할 수 있어요. 주민등록증을 발급받을 때가 되면 열 손가락의 지문을 국가에 제출합니다. 게다가 우리나라는 '삼면이 바다로 막혀 있고 북쪽은 북한에 의해 봉쇄된 섬 같은 나라'예요. 그만큼 범죄자를 잡기 쉬운 시스템을 갖추고 있고 국민들도 이에 동의하고 있습니다. 유럽에서는 CCTV가 사생활 침해라며 정부에 항의하기도 하지만 한국에서는 CCTV 설치를 반대하는 사람들이 매우 적어요. 이는 사생활이 침해되더라도 범죄를 줄이는 게 우선이고 범죄에 대한 피해를 줄이기 위해 동참하겠다는 의미일 것입니다. 사회 모두가 함께 노력하고, 범죄자에게 분명한 처벌을 내리고, 사회 구성원 모두가 재발을 막기 위해 노력한다면, 적어도 개인이 저지르는 범죄에 대해서만큼은 정의로운 세상을 향해 나아가고 있다는 뜻입니다.

이렇게 우리나라는 소수에 의해 벌어지는 직접적인 가해나 폭력 행위인 범죄에 대해서는 범인을 잡기 위한 시스템이 어느 정도 갖추어져 있어요. 하지만 그 외에 다른 범죄 행위에 대해서도 과연 그럴까요?

정의롭지 못한 사람들이
모였을 때

성수대교 붕괴 사고

1994년 10월 21일, 아침 7시 38분. 한강을 건너는 다리 중 하나인 성수대교가 무너졌어요. 다리는 교각과 교각, 즉 다리 기둥과 다리 기둥을 연결해 그 위에 상판을 만들어 다리의 역할을 하게 되는데 10번과 11번 다리 사이에 있는 상판이 칼로 자른 듯 무너져 한강에 떨어졌죠. 아침 7시 반이면 출근 하러, 또는 학교를 가려는 사람들이 차를 타고 그 다리를 건 너는 시간이에요. 떨어진 다리의 상판 위에 있던 승합차, 승 용차 다섯 대가 그대로 다리 상판과 함께 한강으로 추락했고 차에 타고 있던 사람 중 다수가 그 자리에서 사망했어요. 무너진 상판 바로 뒤에는 서울 시내버스가 달려오고 있었어요. 앞서가던 차가 갑자기 사라진 것을 보고 버스 기사는 브레이크를 밟았지만 버스는 부서진 다리 위에 걸쳐졌다가 결국 뒤집어지면서 한강으로 떨어졌어요. 이 버스에는 31명이 타고 있었고 그중 29명이 세상을 떠났습니다. 더욱 안타까운 것은 이 버스에 중학생 1명과 고등학생 8명이 타고 있었는데 9명 모두 목숨을 잃었다는 것입니다.

이 사건의 이름은 '성수대교 붕괴 사고'입니다. 49명이 사고를 당했고 32명이 사망했으며 17명이 살아남았어요. 사고 이후 정부와 사법부는 다리에 문제가 있었다는 것과 다리 공사 및 보수의 책임을 맡은 동아건설과 서울시가 그 문제를 알고도 제대로 대처하지 않아 사고가 일어났다는 것을 밝혀냈어요.

이후 집 주소에 따라 배정받는 서울의 인문계 고등학교는 절대 한강을 건너지 않게 한다는 원칙이 생겨 10년 동안 지켜졌어요. 유족 중 한 명은 위령비 앞에서 스스로 목숨을 끊었어요. 대통령은 대국민 사과를 했고 전국의 여론이 들끓었죠. 시민들은 이 참사가 사람에 의한 재난이라고 생각했어요. 다리를 점검했을 때 문제가 있었다면 바로 통행을 막았어야죠. 그러나 잠시 미봉책으로 피해 가려던 꼼수 탓에 수많은 사람이 하루아침에 목숨을 잃었습니다.

이 사고의 책임을 묻는 재판은 대법원까지 올라갔고, 사고가 난 지 3년 만인 1997년 11월 28일 건설사, 감독 공무원 모두 공동의 책임이 있다는 '공동정범'으로 판결이 내려졌습니다. 대법원은 고의로 짜고 사고를 일으킨 게 아니라고 하더라도 책임자들이 서로 모르는 척하며 넘어간 것 때문에 사고가 났다고 보고, 이 사건에 대한 책임자 전원에게 처벌을 내렸습니다.

연이은 삼풍백화점 붕괴 사고

그다음 해인 1995년 6월 29일에는 서울시 서초구 서초동에서 지상 5층, 지하 4층까지 있던 백화점이 무너졌어요. 1980년대부터 강남은 '부자 동네'가 되었고 삼풍백화점은 그중에서도 고급 물건을 파는 곳으로 알려졌죠. 1995년 6월 29일 오후 5시 52분, 두 개의 건물로 연결한 삼풍백화점의 A동이 종잇조각처럼 무너져 내려 502명이 사망하고 937명이 다쳤습니다. 백화점 일대는 아수라장이 되었어요. 며칠 동안 방송국은 삼풍백화점 구조 현장을 생중계했지요.

붕괴 이후 삼풍백화점 사고도 수사와 재판을 거쳤어요. 백화점은 애초 4층까지 만들기로 되어 있었는데 5층을 불법적으로 추가 건설했고 옥상에 냉각탑을 설치해 기둥이 버틸 수 있는 범위를 넘어섰다고 해요. 증언에 따르면 삼풍백화점은 처음 지을 때부터 약간씩 진동이 있었고 여기저기 균열이 있었대요. 이날 아침에는 지붕부터 백화점 내부 여러 곳에서 무너질 것 같은 조짐이 있었다는군요. 천장에서 물이 쏟아지거나 바닥이 내려앉거나 기울었대요. 오전 내내 이상한 낌새를 알아차린 사람들은 위층의 영업은 중단했으나 아래층은 계속 영업을 하고 있었어요. 전문가가 도착해 건물을 살펴보고는 붕괴할 거 같지 않다고 보고한 탓에 백화점은 문을 닫지 않았다고 합니다.

이 사건은 저에게 큰 충격을 주었어요. 무너진 건물에서 빠져나오지 못한 사람 중 다수가 20대 초반의 아르바이트생들이라는 소식을 들었거든요. 저도 그때 20대 초반의 아르바이트생이었어요. 삼풍백화점 지하에는 식품관, 주방용품, 가전제품 등 작은 물건을 파는 곳이 많았고, 1층은 화장품과 잡화 매장이 있었어요. 다른 층에 비해 지하 1층과 지상 1층 근무자들은 젊은 사람이 많아요. 이들에게 건물 붕괴의 위험이 전해지지 않았고, 조짐이 이상하다고 해서 마음대로 자리를 뜰 수도 없었을 겁니다. 만약 제가 삼풍백화점에 아르바이트 자리를 구했다면 사고 사망자는 제가 될 수도 있었겠죠. 백화점의 불법 증축과 붕괴 조짐을 알고도 대피를 시키지 않은 것, 불법 증축을 하느라 뇌물을 바친 것까지 포함해 백화점의 경영진, 공무원, 건설사 직원 모두가 처벌을 받았습니다. 그러나 주 경영진인 회장과 사장을 제외하고는 대부분 2~3년 수준의 징역형과 집행유예, 추징금은 수백만 원 수준이었어요. 삼풍백화점 회장과 사장(아버지와 아들)은 징역 7년 정도의 처벌이었고요. 법원이 사망자에게 배상금을 물어주라는 판결을 내린 덕분에 삼풍백화점을 운영했던 삼풍건설산업은 망해 버렸습니다. 하지만 이 회사에 다니던 사람들과 삼풍건설의 거래처도 연쇄적으로 어려워져서 이때 망한 회사도 많았어요.

사회적 참사도 범죄다

사회적 참사를 일으킨 이 두 가지 사건은 앞서 얘기한 폭력 범죄와 달라 보이나요? 누군가를 해하지도, 물건을 빼앗지도 않았지만 이 또한 중대 범죄입니다.

최근 한국산업안전보건공단에서는 산업재해로 인한 사망사고 피해를 매일 홈페이지에 게시하고 있어요. 일하다가 죽는 산업재해 사망사고 역시 안전장치를 만들어 두었다면 일어나지 않았을 일들이 훨씬 많기에 국가에서 통제하며 관리하는 것입니다.

2021년에는 「중대재해처벌법」이라는 법을 만들었습니다. 예전에는 건설 현장이나 공장과 같은 산업시설에서 일을 하다가 사고가 나서 사람이 죽어도 그 회사의 대표자는 큰 처벌을 받지 않았어요. 그러나 너무 많은 사람이 일을 하다가 계속 죽으니 이런 일을 줄이기 위해 회사의 대표자에게 책임을 묻기로 한 거죠. 산업현장은 위험한 일들이 많습니다. 그러니 일하는 사람들이 생명의 위험을 느끼지 않게끔 여러 가지 장치를 만들어야죠. 예를 들어 반드시 2인 1조로 움직이게 한다거나, 서두르다가 실수하지 않도록 충분한 시간을 준다거나, 안전 수칙을 지키지 않는 사람들에게 경고할 수 있는 안전감독원을 둔다거나, 기계를 수시로 점검하는 일들이죠. 이런 것들만 잘 지켜도 무고한 사람들의 안타까운 죽음을 줄일 수 있습니다.

앞서 예로 들었던 삼풍백화점 붕괴 사고나 성수대교 붕괴 사고 같은 일들도 수시로 점검하고 위험한 것 같으면 일단 사람들을 피신시키고 생명을 우선시했다면 일어나지 않았을 참사입니다. 몇 사람의 안일한 판단으로 수많은 사람이 죽고 다치고 재산을 잃었어요. 무서운 참사 앞에서 우리는 항상 '정의가 과연 존재하기나 할까?'라는 의심을 하게 되죠.

언급하기도 어려울 만큼 괴로웠던 2016년 세월호 참사도 마찬가지예요. 그날은 기상이 좋지 않았고, 배가 출발하지 않는 것이 좋았으며, 불법으로 그 배의 층수를 높여 다시 만들지 않았더라면, 그 배를 미리 고쳐놨더라면, 배 아래에 실었던 자동차와 무거운 물건들을 잘 묶어 두었다면, 배가 가라앉으면 배 안의 선실에서는 구명조끼를 입으면 안 되고 갑판으로 나와 구명조끼를 입어야 한다고 당부했더라면, 수많은 어선이 몰려와 학생들을 구하려고 했을 때 어선들에 물러나라고 하지 않았더라면, '가만히 있으라'고 하지 않았더라면, 대통령과 책임자들이 빨리 움직여 무조건 먼저 구조를 했다면, 우리는 그 수많은 목숨을 잃지 않았을 겁니다. 그러나 이 모든 것이 단 하나도 작동하지 않았어요.

정의롭다는 것은 어쩌면 '억울한 것'의 반대말일지도 모르겠습니다. 내가 저지르지 않은 일로 피해를 보지 않는 세상이 정의로운 세상이라는 생각이 들지 않나요?

가난의 악순환

학생들을 만나 정책 제안이나 우리 사회의 문제점이 무엇이냐고 물으면 꼭 빠지지 않는 것이 있습니다. 바로 '폐지 줍는 노인'입니다. 학생들은 폐지 줍는 노인에 대해 어른들보다 예민하게 반응했어요. '노인'은 힘이 약하고 돌봄이 필요한 사람인데 그런 노인들이 거리를 헤매며 무거운 폐지를 리어카나 작은 보행기에 담아 실어 나르는 모습이 안타깝다고요. 지금 우리가 만나는 노인들은 한국전쟁을 겪거나 일제강점기를 버텨낸 사람들이에요. 4.19혁명과 독재 시대를 견뎌냈고 가난했던 나라에서 뼈 빠지게 일했던 사람들이 다수이지요. 그런데 어느 시기에 갑자기 가난해지면서 열심히 살아왔던 것을 인정받지 못하게 된 것입니다.

태어나면서부터 가난했던 사람은 배울 기회를 놓치기 십상이고, 많이 배우지 못하면 좋은 일자리를 얻기 힘듭니다. 좋은 일자리를 얻지 못하면 거칠고 험한 일을 하면서 적은 돈을 벌게 됩니다. 그러다 보면 건강도 해치고, 병을 얻거나 사고를 당해 큰돈을 쓰게 됩니다.

과연 이런 일들이 정당한 일일까요? 가난하게 태어났으니 남들보다 서너 배 열심히 일해야 겨우 보통의 삶을 살 수 있다면, 그래도 괜찮은 걸까요?

교과서에서 말하는 정의

우리나라 중학생 사회 과목에 '헌법과 인권'에 관한 단원이 있습니다. 고등학교 사회 과목에는 '사회정의와 불평등'에 관한 단원이 있죠. 이런 단원을 통해 학교에서도 정의가 무엇인지 배우게 되는데요. 어떤 내용을 배우는지 살펴보겠습니다.

정의의 정의

교과서에는 그리스 철학자 아리스토텔레스가 말한 정의를 먼저 설명해요. 아리스토텔레스는 정의가 평등에 기초한다고 보았습니다. 또한 올바른 것이라고 했죠. 그렇다면 '올바르다'는 말이 무슨 뜻이냐고 되물을 수 있는데, 아리스토텔레스는 인간이 평등한 대우를 받는 것이 올바르다고 봤어요. 고등학교 교과서의 내용을 조금 더 살펴보면, 아리스토텔레스는 '일반적 정의'와 '특수적 정의'를 나누고, 그중 특수적 정의를 '교정적 정의', '분배적 정의', '교환적 정의'로 나누었어요.

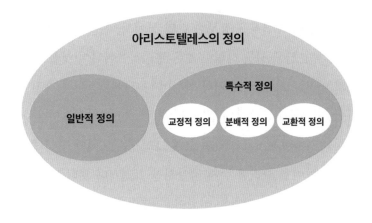

일반적 정의는 법을 지키는 것을 말해요. 특수적 정의는 말 그대로 특수한 상황의 올바름을 말해요. 아리스토텔레스는 어떤 상황이 특수한 상황인지를 설명하기 위해 특수적 정의를 교정적 정의, 분배적 정의, 교환적 정의 세 가지로 나눠서 설명하고 있는데요.

'교정적 정의'는 모두에게 똑같지 않게 누군가 다른 사람에게 해를 끼치면 그에 대해 보상하는 걸 말합니다. 잘못된 일을 바로잡아서 올바르게 만든다는 거죠.

'분배적 정의'는 권력이나 명예, 부를 사람에 따라 다르게 나누는 걸 말해요. 더 많이 가진 사람은 덜 가지고, 덜 가진 사람은 더 가져도 된다고 해석할 수 있죠.

'교환적 정의'는 같은 가치를 가진 물건을 교환하면서 서로 가진 것을 고르게 만드는 걸 의미합니다. 어떤 사람이 바닷가에 살아 해산물은 풍부한 반면 산에서 나는 음식을 먹을 수 없다면, 산에 사는 사람이 캐온 뿌리식물이나 버섯을 해산물과 바꾸는 거죠. 서로 처한 상황이 다르니 물건이나 가치를 바꿔 평등하게 만든다는 겁니다.

아리스토텔레스가 살았던 고대 그리스는 노예와 여성에게 정치에 참여할 권리를 주지 않았지만 어쨌거나 보다 많은 사람이 고르게 나눠 갖기를 바랐어요. 그리고 아리스토텔레스는 기원전 350년 정도에 살던 사람이니 이제 아리스토텔레스가 정의를 말한 시대부터 2,000년이 지났어요. 그 기간 중 지난 100년간 전 세계는 급속도로 문명이 발달했습니다. 그 이전의 시대와는 비교할 수도 없게 말이에요.

아리스토텔레스가 정의를 얘기한 지 2,000년이 지난 지금, 우리는 그가 말한 정의를 계속 의심하고 있습니다. 왜 이런 현상이 생겼는지 알아볼게요.

기술이 빨리 발전하면 사람들이 하는 힘든 일을 기계가 할 것이므로 세상이 좋아질 줄 알았어요. 그런데 어떤가요? 기술은 발달했고 우리 생활은 편리해졌지만 세상은 별로 공평해진 것 같지 않지요.

기술은 사람들의 욕심으로 발달했다고 볼 수 있습니다. 뭔가를 더 갖고 싶은 사람들이 새로운 세상을 찾아 나섰고, 돈을 많이 벌고 싶은 사람들이 필요 이상으로 많은 물건을 만들었고, 물건을 팔기 위해 꼭 필요하지 않은 사람들에게도 '이 물건을 가지면 당신의 삶이 달라져요'라고 꼬시며 물건을 팔아댔습니다. 여러분의 주변을 살펴보세요. 저도 그렇지만 사실 꼭 필요하지 않은 물건을 우리는 정말 많이 가지고 있어요. 물론 어떤 기술은 우리를 평등하게 만들어 주기도 했습니다. 예를 들어 통신의 발달로 우리는 더 많은 소식을 알게 되었고, 다른 나라는 어떻게 살고 있는지도 알게 되었죠.

과거의 인류는 먹을 것, 입을 것, 잠잘 곳이 있으면 된다고 생각했어요. 갖고 싶은 것보다 필요한 것을 먼저 생각했습니다. 또 인류는 안정적인 먹거리와 안전한 주거지를 확보하기 위해 애써왔어요. 그러나 농사를 짓는 일은 자연의 힘을 무시할 수 없어서 큰 태풍이나 비, 또는 가뭄, 여러 가지 자연현상에 의해 모든 노력이 수포가 될 수도 있었죠. 만약 지구의 모든 곳이 일 년 내내 풍족한 먹거리가 있고 자연재해와 짐승으로부터 위협받지 않는다면 어땠을까요? 그러면 사람들은 싸우지 않았을까요?

아마 그렇지는 않았을 겁니다. 모두가 평화로웠더라도 남의 것을 빼앗기 위해 싸움을 걸어오는 사람은 있었을 거예요. 요컨대 인류는 모두 선하지도, 모두 평화롭지도, 1년 내내 먹거리가 풍부하지도 않았기 때문에 서로 뺏고 빼앗기며 싸워왔습니다. 그 과정에서 수많은 약자가 죽고 다쳤기 때문에 아리스토텔레스를 비롯한 고대 학자들도 평등하고 올바른 것이 정의라고 말했을 거예요. '제발 그만 싸우고 평등하게 나누자'라는 의미였죠.

사람은 생긴 모양이 다르듯 그 욕망도 모두 달라서 어떤 사람은 유난히 남보다 우월해지고 싶고, 더 많이 갖고 싶어 합니다. 이런 사람들은 더 많이 가질 방법을 계속 연구해 왔습니다. 아주 오래전부터 바로 지금까지요. 어쩌면 세상은 이런 사람들이 주도적으로 이끌어온 셈이에요. 그리고 이들은 세상을 지배할 수단으로 화폐, 즉 돈을 선택했습니다.

1800년대 영국에서 태어난 윌리엄은 귀족 집안에서 태어났습니다. 많은 걸 가졌지만 주변엔 항상 자기보다 부자이고 권력이 큰 사람이 있었어요. 윌리엄은 그들보다 더 많은 걸 갖고 싶었어요. 어떻게 하면 더 많은 걸 가질 수 있을까 생각해 봤더니 돈을 벌면 될 것 같았죠. 윌리엄은 고민 끝에 돈을 벌어야겠다고 생각했습니다. 사람들은 누구나 옷을 입어야 하니 옷감을 만들면 되겠네요! 손으로 실을 뽑고 그 실을 이어서 옷감을 만드는 게 답답했던 윌리엄은 세상을 돌아다니다가 옷을 만드는 방적기를 발견했어요. 이 방적기를 사다가 옷감을 만들어 봤더니 혼자 하기에는 힘이 들더라고요.

하루는 윌리엄이 먼 시골 마을로 여행을 갔다가 허름한 옷에 밥도 제대로 못 먹은 것 같은 농부 가족을 발견했습니다. 윌리엄은 이들에게 먹고 입는 것이 어렵냐고 물었습니다. 농부 가족은 감자 농사를 지었는데 작년엔 가뭄이 들어 농사를 망쳤고, 올해는 들짐승이 내려와 감자밭을 엉망으로 만들었다고 얘기했어요. 윌리엄은 가만히 그들을 바라보다가 '어려운 농사를 짓지 말고 도시로 나서 나와 함께 일하자'고 권합니다. 예측할 수 없는 농사를 짓지 말고 도시로 나가 가족 모두가 일을 하면 모두가 매 끼니 밥을 먹을 수 있다고요. 농부 가족은 윌리엄 말을 듣고 도시로 따라갔습니다.

농부 가족은 윌리엄의 작은 창고에서 방적기를 돌려 일을 하기 시작했어요. 가장인 제임스, 제임스의 부인 메리, 제임스의 아들 로버트, 제임스의 딸 엘리자벳은 아침 일찍 일어나 온종일 방적기를 돌리고 저녁 늦게 방적기를 멈췄습니다. 윌리엄은 약속대로 그들에게 작은 방을 하나 주었고 매 끼니 음식을 제공했습니다. 처음에 제임스는 가족들이 매 끼니 밥을 먹고 석탄을 땐 따뜻한 방에서 지내게 되어 윌리엄에게 무척 고마워했죠.

그렇게 5년이 지났습니다. 윌리엄은 제임스 가족이 만드는 옷감을 계속 내다 팔며 돈을 벌었어요. 그리고 기계를 계속 사들여 제임스 가족뿐 아니라 다른 농부 가족도 늘려갔습니다. 이들은 모두 작은 집에 모여 살았고, 윌리엄이 주는 세 끼의 밥을 먹으며 계속해서 방적기를 돌렸어요. 또 5년이 지나 윌리엄은 커다란 방적기를 들여왔어요. 윌리엄은 이들에게 말했습니다.

"이 기계는 엄청나게 빨리 옷감을 만들 수 있다. 여러분의 노동은 절반으로 줄어들 것이다!"

윌리엄의 말대로 기계는 엄청 빨랐습니다. 제임스의 가족은 더 빨리 일을 해야만 했어요. 기계의 속도를 따라가지 못하면 다치기 십상이었으니까요. 제임스가 기계가 너무 빨라 일이 힘들다고 하자 윌리엄은 이들에게 월급을 주기로 했습니다. 제임스의 가족은 이제 월급을 받아 돈도 벌게 되었으니

더욱 열심히 일했습니다. 윌리엄은 제임스의 가족과 다른 농부 가족들이 만드는 옷감을 다른 나라에 내다 팔아 계속해서 돈을 벌어들였어요. 공장은 자꾸 넓어지고 기계는 많아지고 일하는 사람도 늘어났고 윌리엄은 더 이상 마차를 타지 않고 자동차를 타고 다녔죠.

그런데 제임스의 가족은 살림살이가 좋아졌을까요? 어린 나이부터 기계에 붙어 일을 하며 옷감에서 나오는 먼지를 먹고 마신 제임스 가족은 점점 건강이 나빠졌습니다. 한참 성장해야 하는 제임스의 딸과 아들은 제대로 성장하지도 못했고요.

어느 날 제임스 가족과 함께 일하던 잭의 가족은 도망쳐버렸습니다. 평소에도 화장실 갈 시간도 없이 일을 하는 게 너무 힘들다고 했거든요. 윌리엄은 공장에 나와 화를 내고 소리를 고래고래 질렀어요. 그러더니 어디선가 아이들을 잔뜩 데려와 일을 시키기 시작했어요. 윌리엄은 이들이 모두 고아라고 말했어요. 부모가 없는 아이들이니 마음대로 부려 먹어도 된다고 큰소리를 쳤죠. 제임스는 윌리엄이 점점 무서워졌어요. 처음 만날 때와 너무 많이 변해 버렸죠.

제임스의 아들은 기침이 심했습니다. 제임스는 윌리엄에게 아들이 일을 쉬었으면 좋겠다고 얘기했죠. 하지만 윌리엄은 들은 체도 안 했어요.

"내가 저 기계 사느라고 돈을 얼마나 썼는지 알아? 당신들을 먹여 살리는 건 바로 나란 말이야!"

제임스는 절망했어요. 잭처럼 가족을 모두 데리고 도망가야 할지 고민했습니다. 제임스의 가족은 어떻게 되었을까요?

위의 이야기는 1800년대 영국의 산업혁명 초기의 모습을 간략하게 빗대어 지어 본 것입니다. 윌리엄과 같은 고용주(사장)는 공장을 짓고 기계를 들여놓느라 많은 돈을 썼다며 일을 한 사람들에게 임금을 많이 주지 않았어요. 아주 적은 돈을 주며 노동자인 제임스의 가족과 잭의 가족을 마구잡이로 부려 먹었지요.

이런 구조는 절대 공정하지 않죠. 정의롭지도 않고요. 윌리엄은 점점 더 많은 돈을 벌었지만 제임스의 가족은 돈을 조금 더 벌게 되었을 뿐 건강을 잃고 자연과 고향도 잃었습니다. 이런 문제가 영국을 비롯해 전 세계에 퍼져 나갔어요.

그러자 이러한 현상이 생산 수단을 자본으로 소유한 자본가가 이윤을 독식하는 자본주의 구조 때문이라고 주장하며 논리적으로 증명하려는 학자들이 나타났어요. 그중 잘 알려진 사람이 공산주의를 주창한 칼 마르크스와 엥겔스입니다. 이 두 사람은 자본주의의 문제점을 수년간 연구하여 《자본론》이란 책으로 펴냈습니다.

이 외에도 많은 학자가 자본주의가 인간 세상을 망칠 것이

라고 경고했어요. 가진 자들이 더 가질 수밖에 없는 것이 자
본주의라고 말이죠. 실제로 그런 일이 일어났습니다. 영국은
산업화가 가장 먼저 일어난 나라인데 수많은 사람이 힘들게
일하다가 병에 걸리거나 죽어가고 어린아이들까지 나쁜 물
질에 중독되어 일하다가 죽었어요.

찰스 디킨스의 《올리버 트위스트》라는 소설을 보면 제임
스가 일하는 공장에 끌려온 듯한 고아 소년들의 이야기가 나
옵니다. 18세기 영국은 산업재해가 끊임없이 일어났습니다.
기계에 손이 끼이거나 다치는 사례는 말할 것도 없고 죽지
못해 일한다는 사람들의 고백이 넘쳐났죠. 마르크스의 《자본
론》에는 이러한 노동자들의 피해가 많이 담겨있어요. 프랑스
의 철학자 자크 랑시에르는 《프롤레타리아의 밤》이라는 책
을 통해 1800년대 노동자들의 일기와 편지를 풀어내는데, 곳
곳에 고된 노동에 시달린 사례들이 튀어나와요.

이 문제점들을 일찍 자각한 사람들은 1810년부터 '러다이
트 운동Luddite Movement'•을 펼쳐 공장주들에게 저항했어요.
그러나 노동자를 보호하는 영국 국가의 움직임은 그로부터
100년이 지난 후에나 시작되었어요.

• **러다이트 운동** 1811~1817년 영국 중·북부 직물공업지대에서 일어난 기계 파괴 운동을
말합니다. 당시 나타나기 시작한 방직기가 노동자의 일거리를 줄인다는 생각이 배경이
되었어요.

세계 경제 대공항과 복지에 대한 각성

이후 영국에서는 노동자 권리가 조금씩 보장되기 시작했습니다. 하지만 1차 세계대전이 벌어졌고 전쟁이 끝난 뒤에는 모두가 힘들어졌죠. 설상가상으로 1929년에는 여러 가지 이유가 복합적으로 작용해 세계 경제 대공황이 일어났어요. 대공황의 원인은 아주 복잡해서 한 번에 설명하기 어렵다고 해요. 보통 1800년대 중반까지 계속해서 경제가 호황이었다가 1870년대에 경제가 모두 나빠졌다는 단순한 설명이 있어요. 이 원인이 궁금해서 저도 여러 자료를 찾아봤지만 정확한 원인은 아직 찾지 못했어요.

어쩌면 앞서 얘기한 윌리엄 같은 이들이 불필요한 물건을 마구 만들어 팔다가 어느 순간 사람들이 다 같이 가난해진 것은 아닐까 싶습니다. 물론 화폐의 유통이나 나라와 나라 사이의 갈등 등 복잡한 원인이 한꺼번에 터져 나온 결과라는 게 여러 학자의 의견이에요.

경제 대공황이 시작되자 돈의 가치가 폭락해서 가지고 있던 돈이 모두 휴지 조각이 되었습니다. 모두가 갑자기 가난해진 거죠. 회사들은 파산했고 노동자들은 일자리를 잃었어요. 돈을 벌 곳이 없으니 굶어 죽는 사람들이 생겨났죠. 경제 상황이 안 좋아지니 범죄율도 높아졌습니다.

경제위기, 즉 가난은 재앙과 다를 바 없습니다. 경제 대공황이 아니더라도 계속해서 가난하게 산다는 것은 위험한 일이에요. 적당한 음식을 먹지 못하고 돈을 벌기 위해 힘든 일을 하다 보면 건강을 해치고 병에 걸리기 쉽습니다. 애써 번 돈을 치료비로 모두 날릴 수도 있죠. 그러면 또다시 돈을 벌어야 합니다. 이렇게 살다 보면 미래에 대한 계획을 세울 수 없습니다. 그러나 세계 경제가 대공황에 빠져 대다수의 사람은 가난에 시달려도 누군가는 계속해서 돈을 벌어 경제 불평등이 크게 벌어졌어요.

이런 자본주의의 문제점을 드디어 정치가 받아들였습니다. 가난한 사람을 방치하는 것은 인류 모두를 위험하게 만들 수 있다는 것을 깨달은 거죠. 누군가 잠시 쉬어가야 할 때, 지독하게 가난해서 미래를 꿈꿀 수 없을 때, 더 많이 가진 사람들이 도와줘야겠다는 생각에 점점 많은 사람이 동의하게 되었어요. 그래서 정부는 세금을 더 거두어 주저앉은 사람들을 돕는 여러 가지 정책을 펼칩니다. 가난하다고 해서 기회를 얻지 못하면 좋은 인재를 놓치는 것이니 '기회의 불평등'도 보완하기로 했습니다.

각 나라의 정부는 가난한 사람을 골라서 구제하는 것보다 모든 사람에게 더 많은 혜택을 주는 것이 현명하다고 판단하게 되었어요.

유엔과 같은 국제기구는 일부만 선별해 복지정책을 펴는 것은 누구에게도 도움이 되지 않는다고 판단했습니다. 물론 먼저 긴급하게 구호해야 할 곳은 있습니다. 전쟁이나 자연재해로 큰 피해를 본 곳이 우선이긴 하죠. 지금도 전쟁 중인 우크라이나, 얼마 전 대지진으로 큰 피해를 본 튀르기에는 우선 구호 대상이 되지만, 인류의 복지는 전 인류를 향해 나아가야 한다는 게 정설입니다. 이러한 보편적 복지 체제는 여러 차례의 국제 정상회의를 통해서 SDGs Sustainable Development Goals (지속가능발전목표)와 같은 협약을 맺게 되었어요.

SDGs와 같은 지속가능 발전 의제는 '단 한 사람도 소외되지 않는 것'을 말합니다. 우리는 이 '단 한 사람'을 구분할 수 없기 때문에 모두를 위한 복지정책을 펼쳐야 한다고 강조합니다.

우리는 언제라도
약자가 될 수 있다

최근 실시한 여러 여론조사에 따르면 한국 사회가 공정하고 정의로우며 법 앞에 모두가 평등하다고 생각하는 사람들이 점점 줄어들고 있습니다.

저는 어릴 때 '노력하면 누구나 기회를 얻게 된다'는 교육을 받았어요. 누구나 열심히 노력하면 부자가 될 수 있고, 누구나 열심히 노력하면 1등을 할 수 있다고요. 여러분도 그렇게 생각하나요?

우리는 선택해서 태어날 수 없었다

10년 전 처음으로 장애인복지관에 가봤습니다. 그곳에는 몸에 장애를 입어 휠체어를 타는 사람도 있었지만 뇌 병변, 뇌성마비, 지적장애, 자폐, 다운증후군 등으로 다르게 말하고 행동하는 사람들이 많았어요. 이 중에서 지적장애와 자폐, 다운증후군을 묶어 '발달장애'라고 부릅니다.

저는 이들과 글쓰기 수업을 수년간 해왔습니다. 발달장애인들은 의사소통에 어려움이 있어요. 언어를 담당하는 뇌신경이 다르게 작동하거나 다쳤기 때문에 묻고 답하는 일이 쉽지 않습니다. 그중 지적장애인은 태어날 때부터 지능이 낮거나 태어난 후에 사고를 당하거나 병을 앓아서 지적 발달이 늦은 사람이라서 더욱 어려움을 겪습니다. 이들은 숫자나 글자를 익히는 데 매우 오랜 시간이 걸리기도 해요.

한국 사회에서는 이들을 '정신장애인'이라고 부르기도 하는데, 이 명칭이 걸맞은 것인지는 생각해 볼 문제입니다. '정신'이라는 단어는 마치 우리가 스스로 통제할 수 있다는 느낌을 주잖아요. 하지만 이들이 겪고 있는 장애는 스스로 정신을 바짝 차리면 해결되는 문제가 아닙니다.

비장애인의 경우도 생각해 봅시다. 한국 사회는 오랫동안 '공부를 열심히 하면 머리가 좋아진다'라는 속설을 믿어 왔어요. 그래서 누군가 공부를 어려워하면 '노력하지 않고 맨날 놀기만 해서 그렇다'고 쉽게 단정하고 질책하죠. 수년간 장애인과 함께 공부하면서 느낀 점은 아무리 노력해도 안 되는 것이 있다는 거예요. 그렇다면 노력을 하는데도 선생님의 설명을 이해하는 데 어려움을 겪는 학생은 과연 본인의 잘못일까요?

키도 마찬가지입니다. 노력하면 내가 원하는 만큼 자랄 수 있나요? 손발의 크기도 마찬가지입니다. 손가락이 좀 더 길었으면 피아노를 잘 칠 수 있었을 텐데, 손가락이 조금 더 가늘면 바이올린 연주하기에 좋을 텐데, 애석하게도 제 손가락은 짧고 두껍습니다. 하지만 내가 노력한다고 해서 길고 가는 손가락을 가질 수 있는 건 아니죠.

사람은 모두 다르게 태어납니다. 어떤 사람은 키가 작게, 어떤 사람은 심장이 튼튼하게, 어떤 사람은 시력이 매우 약하고, 어떤 사람은 피부가 유난히 건강하죠.

나는 어쩌다가 내 부모에게서 태어났을까요? 나는 어쩌다 한국에서 태어난 거죠? 왜 우리 집은 친구의 집보다 부자가 아닐까요? 이 모든 것을 일일이 따져 물을 수 없어요. 몸과 얼굴을 선택하여 태어날 수 없듯이 환경과 조건도 우리가 선택할 수 있는 문제가 아닙니다. 그런데 이 모든 우연으로 알게 모르게 차별하고 차별받게 되어서 문제가 되는 겁니다.

평등에 관해 이야기할 때 자주 사용하는 그림이 있습니다.
최초의 출처를 찾기 어려울 만큼 인터넷에 많이 퍼져 있는 그
림이에요.

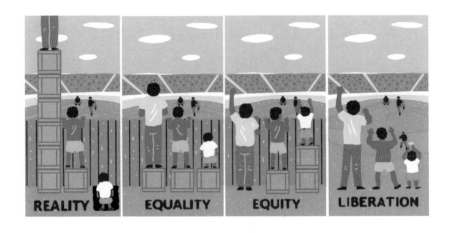

그림 맨 왼쪽은 극단적인 불평등을 의미합니다. 누군가는
높은 곳에서 야구 경기를 보고 있고 어떤 이는 담장이 높아
야구를 볼 수 없어요. 두 번째 그림은 모두에게 똑같은 발 받
침대를 주었어요. 우리는 흔히 모두에게 똑같은 혜택을 준 이
것을 평등이라고 말해요. 세 번째 그림은 키가 작은 사람에게
발 받침대를 더 주었습니다. 그래서 세 사람의 키는 다르지
만 눈높이는 같아졌네요. 야구 경기를 같은 높이에서 모두가

볼 수 있게 된 것이죠. 네 번째 그림은 여기서 더 나아가 아예 담장을 없애 버렸습니다. 한국 사회는 어디까지 왔을까요?

2020년 코로나가 시작되었을 때 마스크 구하기가 참 어려웠습니다. 마스크값이 올라서 한 장에 5,000원이 넘어가기도 했어요. 여기에 정부가 개입했습니다. 모든 마스크를 공적 자원, 즉 모두를 위한 자원이라며 순번을 정해 하루에 한 장씩만 사도록 한 거예요. 전 세계적으로 마스크가 모자랄 때였죠. 이때가 바로 두 번째 그림의 상황이라 할 수 있어요. 모두에게 동일한 개수의 마스크를 주는 거예요.

그런데 어떤 사람은 하루 한 장의 마스크로도 충분하지만 어떤 사람은 그렇지 않습니다. 온종일 밖에서 일을 해야 하거나 사람들을 많이 만나는 경우나 의료진들은 수시로 마스크를 바꿔 낄 필요가 있었죠. 이때 정부가 미처 해결하지 못하는 일을 복지기관이나 복지단체에서 더 필요한 사람들에게 마스크를 구해 주려고 애썼습니다. 시민들이 모여서 마스크를 만들기도 했고요. 자기 순번이 돌아와도 더 필요한 사람이 있다며 마스크를 사지 않는 시민도 있었어요. 이렇듯 한국 사회는 재난을 함께 맞으며 평등에서 형평으로 나아가는 과정을 거쳤습니다.

만일 개인의 노력만이 정의라고 생각했다면 마스크가 충분해질 때까지 사람들은 계속 싸웠을 거예요. 종일 일하느라

바쁜 사람들은 마스크를 구하기가 더 어려웠겠죠. 사람을 많이 만나는 사람이 한 장의 마스크로 며칠을 버텨야 했다면 전염도 더 많이 되었을 거고, 결국 우리 모두 위험해졌을 거예요. 이런 것을 '공동체를 위한 정의'라고 해요. 당장은 몇 사람이 특혜를 보는 것 같지만 결과적으로는 모든 사람에게 이득이 되는 거죠.

사례 1: 우연일까? 운명일까?

어릴 때 어머니가 병으로 돌아가셨고 아버지가 잘 돌봐주지 않은 아이가 있었어요. 아이는 집에 가도 사람도 먹을 것도 없으니 내내 밖에서 놀거나 친구들과 어울렸죠. 그러다가 나이를 먹으며 영영 집과 멀어졌어요.

그는 아버지와 연락도 하지 않은 채 혼자 낯선 도시에 가서 매일 일당을 버는 노동일을 하며 살았어요. 그러다가 이삿짐을 나르는 일을 하게 되었고, 열심히 일을 하니 돈도 좀 모였죠. 그는 이삿짐센터 사장이 되었어요. 차는 빌리고 이삿짐을 나를 사람들은 그때그때 구하면 되니까 회사를 차리는 것은 크게 어렵지 않았다고 해요. 몇 년간 성실하게 이삿짐센터 사장으로 일을 했는데 같이 일하던 직원이 이삿짐을 나르다가 사고로 죽었어요. 직원이 사고를 당했을 때를 대비해 보험을 들어 두지 않아 그는 자기가 가진 돈을 다 털어 유족에게 넘겨주고 회사도 정리했어요.

그는 건설 현장에서 일을 하며 처음부터 다시 시작하기로 마음먹었어요. 회사를 정리하면서 마음고생도 심했고, 남은 돈이 없으니 사람을 만나는 일은 꿈도 꾸지 못했죠. 하지만 혼자서 지내다 보니 먹는 것이 부실했고 건강을 잘 챙기지 못했어요. 하루는 건설 현장에서 무거운 짐을 나르는데 갑자기 어지러웠어요. 그리고 정신을 잃었습니다. 눈을 떠보니 병원이었고 뇌출혈이래요. 당장 수술을 받아야 하는데 수술비도 없었고 연락할 가족도 없는 그는 돈을 빌려준다는 사무실에 찾아가 자기 이름으로 신용카드를 만들어 넘겨주었고 그들에게 사기를 당했어요. 수술은 마쳤으나 자기도 모르는 사이 몇천만 원의 빚이 생겼어요.

결국 길에서 노숙하는 신세가 되었는데 다행히 사회복지사를 만나 그가 쓰지 않은 돈을 갚지 않을 방법을 알게 되었고 행정복지센터의 도움을 받아 작은 방 한 칸과 건강이 나빠도 할 수 있는 일자리도 얻었습니다.

그는 자신은 장애가 없기 때문에 언제라도 다시 시작할 수 있다고 생각했어요. 그러나 외로움, 거듭되는 실패, 사고로 인한 충격으로 자기 자신을 돌볼 수 없는 상황에 이른 거예요. 그는 자기 회사에서 일어난 일에 대해 책임지기 위해 충분한 보상을 하고 스스로 벌을 받았지만 오히려 사기꾼에게 걸려들어 큰 손해를 입었습니다.

이 사람은 어떤 잘못을 저지른 걸까요? 이 사람이 겪는 고통과 불행은 우연일까요, 운명일까요? 본인이 아주 아주 현명한 판단을 하지 못한 것 때문에, 또는 자기 책임을 다하려고 한 것 때문에 한도 끝도 없이 불행해지는 것이 만일 운명이라면, 우리는 그저 그 운명대로 살아야 할까요?

사례 2: 시대의 불행으로 기회를 얻지 못한 사람들

이번에는 일제강점기에 태어나 한국전쟁을 겪은 분들의 삶을 살펴봅시다. 1928년경부터 일본은 조선에 있는 학교에서 조선어를 가르치지 못하도록 준비했어요. 1938년에는 법적으로 조선어 사용을 금지했어요. 그래서 1930년대에 태어난 노인들은 학교에 다닐 때 한글을 배우지 못했습니다. 1930년대 후반에는 일본이 전쟁 준비에 열을 올려 조선 땅에는 먹을 것도 입을 것도 부족한 형편이었으니 당시 학교에 다니는 사람도 많지 않았지만 한글을 배울 기회는 더더욱 없었죠.

1945년 조선이 해방되고 1948년 남한은 미국이 통치하며 국가의 틀을 잡아나갔어요. 나라의 꼴을 갖추고 학교도 정식으로 운영될 즈음, 한글을 배우지 못한 일제강점기의 이 아이들은 청소년이 되었죠. 그리고 곧 한국전쟁이 일어났어요. 이들은 전쟁터로 끌려가거나 도망가거나, 아니면 먹을 것을 구하러 헤매었습니다. 피난민촌에 천막을 치고 학교가 열렸으나 모두가 갈 수 있었던 것은 아니에요. 부모님이 아프거나 아버지가 전쟁터에 나가 돌아오지 못하면 밖에 나가서 먹을 것을 얻어 와야 했죠. 그렇게 이들은 공부할 시기를 놓치고 어른이 되어 버렸습니다. 한글을 잘 쓰지 못할 뿐 아니라 읽기와 쓰기가 서툴고 셈하는 것은 시장에서 흥정하며 배운 게 전부인 이들은 편안하고 안정적인 직장을 구하지 못했어요. 몸 쓰는 일, 남들이 하기 싫어하는 일, 위험하고 더러운 일을 도맡아 했습니다.

예상하지 못한 사고, 전쟁, 질병은 준비하지 못한 사람을 주저앉혀버립니다. 이것이 부당하다고 여겨진다면 정의가 필요할 때입니다. 당신이 겪고 있는 고통 모두가 당신의 몫이라고 떠밀어버리는 사회와 당신이 겪고 있는 고통의 일부를 함께 나누겠다는 사회. 여러분은 어떤 곳에서 살고 싶은가요? 부모 잘 만난 것이 정말 개인의 능력일까요? 장애를 입지 않은 것이 정말 개인이 잘해서 얻은 결과일까요?

"정의를 의심하는 사회는 올바른 사회가 아니다"

몇 년 전 한국의 몇몇 지역에서 시장이나 구청장을 물러나게 하겠다는 시위가 벌어진 일이 있어요. 각각 다른 지역에서 일어난 사건인데 핵심은 비슷해요. A 지역은 관공서가 다른 지역으로 이사하면서 공간이 비게 된 원래의 관공서 땅에 저소득층과 취약계층을 위한 임대주택을 짓겠다고 발표했어요. B 지역은 관공서에서 사들인 땅에 홀로 살아야 하는 청년들을 위한 '청년주택'을 짓겠다고 했고요. C 지역은 장애인들을 위한 '장애학교'를 짓겠다고 했죠. 그러자 각 지역에서 반대 시위가 일어났어요. 왜, 누가, 반대했을까요?

A 지역은 관공서 자리에 공원을 지어 생태도시를 만들어 달라는 사람들이 임대주택 건축 반대 시위를 했습니다. B 지역은 인근에서 대학생들을 상대로 하숙과 자취방을 세놓아 세를 받는 건물주들이 반대 시위를 했고, C 지역은 비장애인 시민들이 반대를 했습니다.

A 지역의 속내는 임대주택이 들어오면 집값이 떨어진다는 이유가 있었지만 임대주택을 대놓고 반대하진 않고 '공원을

지어 생태도시를 만들어달라'는 주장을 하면서 자신들의 명분을 챙겼습니다. B 지역은 대학생이 줄어들어 월세 소득이 줄어들고 있는데 정부에서 청년주택을 지으면 경제 형편이 어려워진다는 이유가 있었고요. C 지역은 '장애인학교'가 혐오시설이라고 주장했어요.

주거 문제, 즉 집은 인간 생활의 기본권을 지킬 수 있는 수단이에요. 하지만 한국의 집값은 계속해서 오르고, 대부분의 사람은 10년 이상 모든 월급을 모아도 서울에 집을 살 수가 없습니다. 그런데도 집을 이미 가진 사람들이 여러 가지 명분을 내세워 임대주택과 청년주택을 반대합니다. 어떤 학교든

다닐 수 있는 사람들이 특별한 교육이 필요한 장애인 학교를 반대합니다. 이런 사회를 과연 정의롭다고 할 수 있을까요?

정치학자 마사 누스바움은 "정의를 의심하는 사회는 올바른 사회가 아니다."라고 말했어요. 정의는 인간이 추구해야 하는 목표 그 자체입니다. 인간은 순간적으로 정의롭지 않을 수도 있으나 끊임없이 정의를 향해 나아가야 문명을 유지할 수 있어요. '정의'에 대해 다른 기준을 들이대는 모습을 가만히 살펴보면 자기 이득을 위해 '정의'를 이용하는 모습이 보이지만 인간은 누구나 순간적으로 잘못된 판단을 할 수 있고 실수할 수 있습니다.

정의로운 사회는 계획하지 않은 일로 벌어진 불행을 용서하고 이해하자는 거예요. 고의로 누군가를 괴롭히려

는 폭력은 단호하게 처벌하되 가난하기 때문에, 배우지 못해서, 어린 시절에 제대로 돌봄을 받지 못해서, 사고를 당해서, 폭력의 피해자가 되어서, 갑작스럽게 치료비가 많이 드는 병에 걸렸을 때, 사회 모두가 함께 그 짐을 나누어지는 것입니다. 인간은 완벽하지 않으니까요. 우리는 그 언제라도 약자가 될 수 있어요.

국가는 어떤 역할을 하는가

지금의 한국 사회는 수십 년간 민주주의와 자본주의를 빠르게 발전시켰어요. 다른 어느 나라도 이렇게 빨리 발전한 경우는 없다고 해요. 외국에서는 한국이 서울을 중심으로 발전했다는 것을 일컬어 '한강의 기적'이라고도 합니다.

전쟁을 치른 나라들은 대부분 경제적으로 발전합니다. 전쟁으로 사라진 모든 것을 복구해야 하는 터라 경제가 활발하게 움직이기 때문이죠. 전쟁을 겪어보지 않은 우리는 전쟁이 얼마나 무서운지 잘 알지 못해요. 우리가 알 수 있는 것은 과거의 사진을 통해 보는 파괴된 건물 정도입니다. 하지만 자연재해는 상상해 볼 수 있을 겁니다.

국가는 국민의 안전을 책임진다

어느 날 갑자기 지진이나 홍수, 화재가 났다고 상상해 봅시다. 자연재해가 집을 덮쳤다면 일단 생명이 안전하지 못할 겁니다. 목숨을 건졌다고 해도 집이 무너졌다면 집에 있던 물건들도 무사하지 못할 거예요. 열심히 일했던 결과가 하루아침에 사라지고 만 거죠.

최근 세계 곳곳은 지진, 홍수, 해일, 산불과 같은 자연재해가 끊이질 않고 있습니다. 국가는 이러한 재해를 예방하여 최대한 인명 피해를 줄이려는 노력을 합니다. 국민의 생명은 국가의 가장 큰 자산이니까요.

하지만 국가가 예방을 잘했다 하더라도 자연재해는 인간이 감당할 수 있는 범위를 넘어설 수도 있어요. 그런 경우 피해를 본 사람들이 생기죠. 이럴 때 국가는 피해를 본 국민이 잠시 살 수 있는 거처를 마련하거나 피해 보상금을 주기도 합니다. 재난을 겪은 사람들이 다시 일상으로 돌아갈 수 있도록 세금을 사용해 돕는 것입니다. 국가는 국민의 안전을 지켜야 할 의무가 있으니까요. 그것이 국가의 역할입니다.

이를 위해 국민은 정부에게 권한을 줍니다. 어떤 권한이 있냐고요? 코로나 팬데믹 때를 떠올려 보세요. 정부는 마스크값을 정할 수 있었어요. 마스크를 살 수 있는 사람들을 정할 수도 있고요. 길을 통제할 수 있고, 세금을 걷을 수도 있어요. 이 모든 것은 우리 모두를 위해 나 대신 일해 달라고 우리가 국가에게 넘겨준 권한이에요. 그러니 국가는 당연히 나를 대신해 받은 힘을 나를 위해 써야 해요.

직접민주주의를 실행하는 국가나 지방에서는 모든 일을 국민이 함께 의논해 결정합니다. 우리도 그러면 좋을까요? 만일 직접민주주의를 한다면 우리는 학교를 가거나 일을 하는 것 외에도 수많은 회의에 참여해 매일 뭔가를 정해야 할 겁니다. 지하철역 입구를 어디로 해야 할지, 공원을 어디다 지을지, 낡은 아파트를 다시 짓거나, 학교에 체육관을 지을지 말지, 횡단보도 위치를 어디로 할지, 매일 수많은 일을 결정하고 실행해야겠죠. 그런데 이런 일들을 매일 모여서 의논하고 결정할 수 있을까요? 우리는 학교도 가야 하고 공부도 해야 하고 놀기도 하고 쉬기도 해야 하는데요. 그래서 입법부와 행정부에 이런 일들을 우선 맡기는 거예요. 선거를 통해 그들에게 권한을 주고 우리가 결정해야 할 일을 대신 해 달라는 거죠. 그러니 그들은 시민이 원하는 게 무엇인지 알아보고 의견을 잘 들어서 현명하고 올바른 판단을 해야 합니다. 그 대가로 우리는 그들이 하는 일에 대한 보수를 결정해 주죠. 쉽게 말해 모든 입법부, 행정부, 사법부에 월급과 일에 집중할 수 있는 복지 혜택을 주는 대신 사회의 중요한 일들을 알아서 잘해 내라고 일을 시킨 거예요.

하지만 시민들은 이들이 일을 하는 대가로 세금을 지불한다고 해서 마구잡이로 부릴 수는 없어요. 이들이 나쁜 유혹에 빠지지 않도록 적당한 보수를 주고, 충분히 쉬며 일할 수 있도록 노동 권리를 보장해 주며, 목소리 큰 사람들에게 휘둘리지 않도록 가끔 이들의 편도 들어줘야 합니다. 정부에서 일하는 사람들이 편안해야 좋은 판단을 하고 시민들에게도 유익한 결과를 가져올 수 있으니까요.

전쟁 상황에서 국가의 역할

자연재해는 국가의 일부 지역에 집중되는 일이 많습니다. 그리고 보통은 민간인이 사는 지역에 일어나요. 자연재해가 일어나면 중앙정부와 재해를 입은 지역의 정부가 함께 힘을 모아 피해 본 사람들을 돕습니다. 그런데 일부 지역이 아닌 전국적으로 지진이 나거나 정부에 불이 나면 어떡하죠? 정부도 시민들을 돕기 어렵겠죠? 이와 비슷한 경우가 전쟁입니다. 전쟁이 벌어지면 정부도 피해를 보기 때문에 제대로 역할을 하기 어려울 수도 있어요.

전쟁은 다른 나라를 점령하고 파괴하는 행동입니다. 그래서 전쟁을 일으킨 국가는 상대 국가의 정부를 먼저 파괴하려고 해요. 중요한 시설을 파괴하거나 국가의 원수를 죽이려고 하죠. 전기, 수도, 가스를 끊어버리기도 하고요. 전쟁은 정부와 국민 모두가 동시에 피해를 보기 때문에 누가 누구를 구원하고 구출하기가 어렵습니다.

6.25한국전쟁의 경우를 생각해 봅시다. 한국은 일본의 지배에서 벗어난 지 5년 만에 큰 전쟁을 치렀습니다. 국가가 제대로 자리를 잡기 전이었죠. 국민들은 폭격과 살인을 피해 다른 곳으로 도망쳐야 했고, 도망치지 못한 사람들은 군인으로 징집되어 전투에 끌려 나갔습니다. 전쟁은 내가 살려면 남을 죽여야 합니다. 절대 게임과 같지 않아요. 한 번 죽은 사람은 다시 살아 돌아올 수 없습니다.

한국전쟁은 남과 북 권력자들의 생각이 달라서 생긴 전쟁이라고 볼 수 있어요. 북한 정부는 일본 식민지에서 벗어나자마자 다시 미국의 식민 지배를 받는 남한 사람들을 구해내야 한다고 생각했어요. 남한 정부는 북한이 공산주의와 소련의 지배를 받는다고 생각했고요. 남한 정부는 공산주의가 국가에 이득이 되지 않는다고 봤기 때문에 북한과의 통일이나 협력을 거절한 상태였어요.

1950년에 일어난 한국전쟁은 무려 3년간이나 계속되었습니다. 처음에는 북한군이 낙동강 전선이라고 하는 부산 바로 윗부분까지 밀고 내려왔지만 유엔 연합군이 남한군에 합류하면서 다시 북쪽으로 밀고 올라갔지요. 전쟁 때 서로 맞붙은 지역을 전선이라 부르는데 이 전선이 계속해서 움직였던 건 초반 1년뿐입니다. 이후 2년은 지금의 휴전선 부근에서 조금씩 밀고 밀리면서 끊임없이 전투를 치렀어요. 수많은 사람이 죽고 다쳤죠. 부모를 잃은 어린이들이 넘쳐났고 고향을 떠나 가족과 헤어진 사람이 셀 수 없이 많았어요.

인류는 전쟁이 있더라도 군인 대 군인의 전투만 허용하고 군인이 민간인을 죽이는 일은 하지 말자고 1949년 제네바협정을 통해 약속했지만 한국전쟁은 군인 간의 희생보다 민간인 희생자가 더 많았습니다. 전투로 인한 희생 외에도 민간인끼리의 살상, 군인이 아닌 경찰에 의한 살상도 빈번해 무고한 사람들이 많이 죽었습니다.

한국 정부도 원래 있던 자리에 머물지 못했어요. 정부가 민간인보다 먼저 피난을 간 것은 두고두고 조롱거리가 되고 있습니다. 이렇게 무능하고 무책임한 정부였으니 시민들을 지킬 수 없었겠죠? 한국전쟁 앞뒤에 벌어진 수많은 민간인 희생, 무고한 사람들의 죽음을 정부는 아직도 회복시키지 못하고 있습니다. 전쟁으로 인한 피해는 할머니, 어머니, 자녀에게까지 이어집니다. 3대에 걸친 전쟁의 상처를 치유하는 일이 쉽진 않겠죠. 그래서 적지 않은 나라들이 모르는 척하고 지내요. 지금의 정부가 저지른 일이 아닌데 어떻게 책임을 지냐고 떠넘기기도 하죠.

반면, 전쟁을 일으켰지만 정부로 인해 피해를 본 사람들을 수십 년에 걸쳐 계속해서 회복시키려고 노력하는 나라도 있습니다. 바로 독일입니다. 독일은 1, 2차 세계대전을 일으켜 인류에게 큰 고통을 안겨 준 나라입니다. 2차대전이 끝난 후 독일 국민은 자신들이 잘못된 정부를 뽑았다고 반성하며 부끄러워했어요. 이들은 전쟁 중에 사람을 공격한 자들을 불러내어 재판정에 세우고 전원 처벌했습니다. 죽음에 가까운 노인이라도 가차 없이 전쟁 범죄자로 재판하고 처벌했습니다. 독일은 인류에게 씻을 수 없는 고통을 준 나라에서 전쟁 피해를 정의롭게 회복시키고 있는 유일한 국가이기도 합니다.

국민을 탄압하는 국가는 어떤 이유로든 정의롭지 않다

한국전쟁이 끝나고 모든 것이 파괴된 우리나라는 처음부터 다시 시작해야 했습니다. 이때 국가는 전쟁으로 다친 국민의 몸과 마음의 상처를 헤아리는 것보다 먹고 사는 문제, 즉 가난에서 벗어나는 데 초점을 맞추었죠. 그리고 오늘날 한국 사회는 경제적으로 많이 발전했고 전 세계에서 알아주는 나라가 되었어요. 그러나 여전히 한국 사회가 극복하지 못한 것이 우리를 괴롭힙니다. '너는 누구 편이냐'고 묻는 것이죠.

전쟁이 끝난 후 대한민국 첫 대통령인 이승만은 독재를 시도했다가 실패했어요. 두 번째 대통령인 윤보선 대통령은 스스로 정권을 탈취한 박정희에게 쫓겨났고, 박정희 대통령은 무력으로 정부를 빼앗아 18년 동안 대통령에 재임했습니다. 박정희 대통령이 갑자기 죽자 그 자리에 오른 최규하 대통령은 제대로 역할을 해내지 못하고 전두환의 강압에 대통령 자리를 물려주었습니다. 전두환도 탱크를 몰고 청와대로 들어가 스스로 대통령이 되었죠.

국민이 참여하는 선거가 아닌 무력으로 정부를 빼앗은 사람들이 반복해서 대통령이 되는 것은 전쟁 상황과 비슷합니다. 군인이 권력자가 되어 국가를 자기 마음대로 하면 국민은 두려움에 떨기 때문이죠. 이는 민주주의 국가라고 할 수 없습니다. 한국 사회는 이와 같은 전쟁과 같은 공포를 전쟁이 끝난 이후에도 30년 넘게 겪었어요.

대통령은 자기 마음대로 권력을 휘두를 수 있게 되자 점점 더 욕심을 냈습니다. 자기 말을 잘 듣는 사람들만 아끼고 그렇지 않으면 탄압했어요. 우리나라 민주주의 역사는 이러한 권력자로부터 국민들이 주권을 찾아오는 과정이었습니다.

영화 〈1987〉에서 잘 표현했듯이 1980년대는 민주화운동이 가장 활발했던 시기였어요. 1979년 군부독재가 끝난 줄 알았던 국민들은 1980년 다시 전두환이 정권을 잡았으나 좌절하지 않고 계속 저항했어요. 1987년 1월부터 시작된 전국적인 민주화운동은 대통령을 간접선거로 뽑는다는 헌법을 개정하고 독재를 그만두라는 요구였습니다. 이때 시민들이 외쳤던 구호가 "호헌 철폐, 독재 타도"입니다. 지금의 헌법을 유지하는 것을 그만두고, 독재정권을 타도하겠다는 의지를 담았죠.

박종철, 이한열 열사의 죽음으로 고조된 민주화운동은 대통령을 직접선거로 뽑을 수 있도록 헌법을 바꿔 냈어요. 하지만 주권을 되찾은 다음에도 우리는 계속해서 서로를 의심하고 있습니다. 너는 누구 편이냐고요.

국가의 역할은 모든 국민을 보호하고 안전하게 살도록 하는 것입니다. 그 역할을 잘하지 못한 국가에 왜 국민을 보호하지 못 했냐고 따져 묻는다 해서 국민을 탄압하면 안 돼요. 그건 독재 정부에서 하는 일이지 민주주의 국가가 해서는 안 되는 일입니다. 우리 편이 아니라고 해서 나쁜 건가요? 생각의 차이가 있을 뿐입니다. 생각이 다르면 이야기를 들어봐야죠. 모두 각자의 입장에서 생각하기 마련이니까요. 내 생각만이 정의롭다고 생각해서도 안 됩니다. 우리는 때로 좋고 싫음을 구분하는 취향을 옳고 그름을 판단하는 정의로움이라고 착각할 때가 있어요. 현명한 시민이라면 내가 틀렸다고 생각하는 것이 혹시 내가 싫어하는 것을 다른 사람에게 설명하기 위해 '틀렸다'고 말하고 있는 건 아닌지 늘 점검해 봐야 합니다. 반대로 설명하면, 내가 좋아하는 사람이 늘 옳은 일을 하는 건 아닐 수도 있어요. 가끔 이상한 행동을 하는 친구라도 좋아할 수 있습니다. 하지만 내가 좋아한다고 해서 그 친구가 늘 옳은 건 아니라는 겁니다.

모두를 위한 정부

약자를 위한 정책은 모두를 위한 정책이다

민주주의 국가는 법을 토대로 모든 국민을 위해 권력을 사용합니다. 어떻게 모든 국민을 만족시킬 수 있냐고요? 네, 맞아요. 모든 국민을 만족시키긴 어려워요. 하지만 가장 약한 사람을 기준으로 권력을 사용하면 아주 많은 사람이 혜택을 누릴 수 있습니다.

이렇게 생각해 보세요. 두 개의 게임 회사가 있어요. A사는 초고사양의 컴퓨터, 즉 피씨방에서 주로 쓰는 좋은 컴퓨터로만 게임할 수 있는 게임을 만들었고, B사는 오래된 휴대폰으로도 즐길 수 있는 게임을 만들었습니다. A사와 B사의 게임이 같은 날 출시되었다면, 어느 회사가 더 돈을 많이 벌게 될까요? 게임의 재미가 비슷하다면 당연히 B사가 돈을 많이 벌 것입니다. 만일 A사의 게임이 월등히 재미있다 하더라도 A사의 게임은 크게 성공하기 어려울 거예요. 초고사양의 컴퓨터를 가진 사람보다 그렇지 않은 사람이 훨씬 더 많으니까요.

이번에는 문화재에 대한 설명을 책자로 낸다고 생각해 봅시다. 이럴 때 어린이용으로 아주 쉽게 풀어 쓴다면 글을 자주 읽지 않는 사람, 문화재에 대한 상식이 부족한 사람, 한국어를 띄엄띄엄 읽게 된 외국인, 글을 익히는 데 어려움이 있는 장애인까지 여러 사람이 읽을 수 있을 것입니다.

이처럼 약하고 어린 사람을 우선시했을 때 더 많은 사람이 행복해질 수 있습니다. 국가의 권력은 이런 쪽으로 사용해야죠. 약자를 위한 것은 모두를 위한 것이에요.

일할 수 있는 제도와 환경을 만든다

국가는 또한 미래를 준비해야 합니다. 미래가 없다면 그 나라는 언젠가 사라지고 말아요. 그런데 미래는 사람이 일을 해서 만들어 나갑니다. 그래서 국민의 의무 중에는 노동의 의무도 있습니다. 일을 해야 자신도 먹고 살 수 있지만 나라가 잘 돌아가려면 여러 분야의 산업이 계속 원활하게 이어져야 해요. 일하는 사람이 줄어들면 국가의 미래도 어둡습니다. 그러면 국민이 노동을 잘하도록 하려면 국가는 무엇을 해야 할까요? 노동을 잘할 수 있는 환경을 만들어야 해요. 일하다가 다치거나 죽지 않도록 제도를 잘 정비하고 안전한 일터를 만들어야 합니다. 이윤을 우선시하는 기업 입장에서는 돈을 아끼기 위해 안전장치를 설치하지 않을 수도 있고 두 사람이 함께 일해야 안전한 일을 한 사람에게만 시킬 수 있지만, 국가는 감시와 통제할 수 있는 권한을 이럴 때 발휘해서 안전하게 일할 수 있도록 해야 합니다.

어린이는 국가의 미래다

국민이 없으면 국가도 존재할 수 없습니다. 그래서 국가의 미래를 책임질 아이들이 중요하다고 하죠. 어린이들이 다치지 않고 잘 성장해서 건강한 시민이 되어야 국가의 미래가 밝다고 보는 것입니다.

어린이는 아직 일을 할 수 없어요. 하지만 10여 년만 있으면 일할 수 있는 사람들입니다. 그러니 어린이들이 건강하게 자라도록 하는 것 또한 국가의 의무이며 국가의 미래를 위한 일이기도 합니다. 지금의 어린이가 건강하지 못하면 10년 후의 국가도 건강하지 못하다는 생각으로 아이들이 건강하고 행복하게 살 수 있게 놀이터와 공원을 만들고, 아픈 어린이는 건강을 회복할 수 있도록 병원비도 줄여주고, 현명한 시민이 될 준비를 도와줄 학교와 도서관도 지어야 합니다. 도서관이나 학교, 공원이나 놀이터는 돈을 벌 수 있는 곳은 아니지만 행복하고 안전하게 자기 자신을 지키는 방법을 배울 수 있는 좋은 배움터예요.

모두가 행복하게 일하며 함께 국가 공동체를 만들어 나갈 수 있도록 국가는 국민이 낸 세금을 필요한 곳에 써야 합니다. 더 많은 건물을 짓는 것보다 그 건물을 이용할 사람들에게 더 많이 투자해야 해요. 국민은 국가의 모든 것이며 처음과 마지막이에요.

노인이 많은 사회는 지식이 축적된 시대

흔히 보호해야 하는 사람들을 지칭할 때 노약자라는 말을 씁니다. 노인과 약한 사람을 말하는데 노인은 보호받아야 하는 사람들이라는 거죠. 노인 인구가 늘어나면서 노인에 대한 혐오도 증가하고 있어요. 한 사회에서 노인 인구가 20%가 넘어서면 고령화사회라고 말하는데요. 한국은 고령화사회일 뿐 아니라 이미 노인들만 남은 마을도 상당히 많습니다. 정부와 언론에서는 이런 마을을 '인구소멸지역'이라고 부르고 있어요. '인구소멸지역'이라는 낱말은 어떤가요? 저는 저 낱말이 불편합니다. 아직 노인들이 살고 있는데 인구가 소멸한다고 하니 어쩐지 노인을 쓸모없는 사람이라고 하는 것만 같아요.

인류는 문명이 생긴 이래 처음으로 노인들을 만나고 있습니다. 이전에는 이렇게 오래 사는 노인들이 없었어요. 대부분 적당한 중년기에 사고나 질병으로 죽어 버렸죠. 지금의 노인들은 인류의 의학 기술과 건강 증진이 만들어 낸 결과예요. 사람이 늙어서 죽는다는 것은 축복입니다. 사람이 늙으면 여러 가지 기능이 퇴화하죠. 잘 안 보이고 잘 안 들리는 건 당연한 일이에요. 그런데 우리는 평생을 열심히 살아온 노인들이 젊은이만큼 역할을 해내지 못한다고 무시하는 경향이 있습니다.

지금의 노인은 그동안 자기 삶을 최선을 다해 잘 꾸려온 사람들입니다. 이들은 삶에 대한 노하우가 있어요. 자기가 하던 일에 대한 기술도 있고 어떻게 어려운 문제를 해결했는지 알고 있습니다. 이들이 기억하고 있을 때 후세대들은 노인들의 노하우를 물려받아야 해요. 일본의 학자 우치다 다쓰루는 "노인이 많은 사회는 고도의 지식이 축적된 사회다."라고 했습니다. 그런데 한국 사회는 노인들의 지식과 교양을 전혀 받아들이지 못하는 것 같네요.

우리는 모두 약자다

여러분은 자신이 이 사회에서 강자라고 생각하나요? 대부분의 한국 사람은 어떻게 생각할까요? TV를 보면 잘나고 대단하고 예쁘고 잘생긴 사람들만 나옵니다. 게다가 TV 프로그램에서 소개하는 이 사람들은 노력도 어마어마하게 하죠. 노력을 많이 할 수 있다는 건 건강하고 에너지가 넘친다는 뜻이기도 합니다. 정말 강한 사람들이죠.

그런 사람들이 세상에 얼마나 될까요? 딱 TV에 나오는 만큼, 딱 유튜브에서 뜬 소수의 사람만큼, 즉 우리가 기억할 수 있을 정도 만큼이라고 생각합니다. 우리는 늘 언론과 미디어를 바라보며 나보다 잘난 사람들을 보고 있어요. 이런 사람들은 정말 소수예요. 아주 적은 숫자의 뛰어난 사람들에게 우리의 눈높이가 맞춰져 있는 건 아닌지 생각해 봅시다.

우리 대부분은 약자입니다. 앞서 설명했듯 약자라는 건 상대적인 거니까요. 이건 무척 간단한 논리예요. 우리는 어디에선 강자일 수 있지만 대체로 약자가 되죠. 그렇다면 약자를 위한 복지, 약자를 위한 정책이 따로 있을까요? 정확하게 말하면 약자를 위한다는 건 우리 모두를 위한 것입니다. 더욱 넓게 말하자면 우리의 공동체를 위한 것이죠. 약자는 따로 정해져 있지 않아요.

(함께 고민하고 말하고 싶어)

세금이 적게 걷히면 국가가 필요한 일을 다 할 수 없습니다. 그런데 내가 사는 도시에 인구가 줄어들어 세금 수입도 줄어들었다고 해요. 그러자 시의원 한 명이 공원은 수입을 만들어 내지도 못하고 계속해서 유지관리비가 든다면서 마을에 있는 공원에서 입장료를 걷어야 한다고 주장합니다.

1 여러분은 이 시의원의 의견에 대해 어떻게 생각하나요? 찬성한다면 찬성하는 이유를, 반대한다면 반대하는 이유를 말해 봅시다.

서울시를 중심으로 수도권은 1984년부터 65세 이상의 노인들에게 지하철과 버스 요금을 무료로 하고 있습니다. 그런데 지금은 수도권의 노인 인구가 너무 많아 적자를 면치 못한다면서 노인에게도 요금을 받아야 한다는 주장이 있습니다. 반면 대구시는 2028년부터 70세 이상 노인은 버스도 무료로 탈 수 있게 준비하겠다고 발표했습니다.

2 서울시와 대구시의 정책은 왜 다른 걸까요? 두 사례에 대한 기사를 찾아 읽어보고 여러분이 정책을 만드는 사람이라면 노인들의 무료 교통 이용권에 대해 어떻게 정리할지 토론해 봅시다.

4부

정의로운 세상을 만들기 위해

질문있어요

Q1. 공원에 개똥을 치우지 않는 사람들이 많아져서 반려견 출입이 금지되었어요. 매일 산책을 해야 하는 강아지가 있는 저는 어떻게 해야 할까요?

Q2. 전자담배를 피우는 학생이 발각되었다며 선생님은 앞으로 쉬는 시간 외에는 화장실을 보내주지 않겠다고 합니다. 긴장하면 배 아프고 설사하는 저는 수업 중에 화장실을 못 간다고 생각하니 끔찍합니다. 저는 어떻게 해야 할까요?

어른들은 한국 사회에서는 언제나 목소리 큰 사람이 이 긴다고 합니다. 소리치고 시끄럽게 떠들지 않으면 아무도 알아주지 않는다고요. 부당한 일이 계속될 때 우리는 어 떻게 해야 할까요?

어떤 사회참여는 계란으로 바위를 치는 것과 같습니 다. 민주주의 사회에 사는 민주시민이라면 정당한 방법으 로 자기 권리를 주장할 수 있는 여러 장치가 만들어져 있 긴 합니다. 그러나 이런 장치들이 정말로 잘 작동되는지 는 의문이 듭니다. 모두가 자기주장만을 내세운다면 국가 는 더욱 혼란스러워질 수도 있어요. 우리는 어떤 방식으 로 사회참여를 할 수 있을까요?

정부와 시민은 계속해서 소통하며 더 나은 방향을 찾아 야 합니다. 그러려면 우리가 연습해야 할 것들도 있고요. 가장 가까운 곳에서 내가 참여할 수 있는 방법을 찾아봅 시다.

우리를 변화하게 만드는
작은 변화

앞서 우리는 대한민국이 어떻게 민주주의 국가가 되었고 사회정의가 왜 필요한지 알아보았어요. 지구에 있는 거의 모든 나라가 민주주의 제도를 채택했어요. 왕이 남아있는 나라도 있지만 왕은 상징적으로 남아있고 직접 통치하는 나라는 점점 사라지고 있죠.

많은 나라가 자본주의의 문제점을 발견해 복지제도를 강화하고 더 많은 사람들의 자유와 평등, 보편적 인권을 보장하려는 이유는 약자도 살아갈 수 있는 사회가 되어야 인류의 존엄성을 지킬 수 있기 때문입니다. 우리는 이 책의 맨 앞에서 「헌법」이 보장한 권리와 국가의 정체성을 살펴봤습니다.

하지만 궁극적으로 차별과 혐오가 줄어들려면 정부는 더 많은 사람의 자유와 평등을 위해 움직이고 시민은 이를 잘 감시하고 협력할 수 있어야 합니다.

그렇다면 우리는 더 나은 세상을 위해 어떤 일을 할 수 있을까요? 우리는 국민의 권리와 의무를 다하고 있는 걸까요? 간혹 열심히 정직하게 살고 있는데 어딘가 잘못된 것 같아서 화가 날 때는 없었나요? 인간의 다양한 감정 중 어떤 것들은 사회정의가 실현되지 않아서 생기기도 합니다. 그러니 우리 마음속에 일어나는 감정을 잘 살펴보면 더 나은 세상을 만드는 힘으로 바꿀 수도 있어요.

세상을 바꾸는 작은 변화

이런 예는 많이 찾아볼 수 있습니다. 배성호 선생님이 쓰신 《우리가 박물관을 바꿨어요》라는 책에서도 찾아볼 수 있죠. 이 책은 박물관으로 소풍을 갔다가 도시락을 먹을 데가 마땅치 않은 것을 발견한 것부터 이야기가 시작돼요. 학생들은 선생님과 함께 여러 아이디어를 모아 정리하고 박물관에 구체적으로 제안했습니다. 박물관에서는 학생들의 제안이 좋다고 받아들였고 박물관에 도시락 먹을 공간을 마련해 주었어요.

이미 뉴스에도 여러 번 소개된 부산의 한 초등학교 이야기도 있습니다. 이 학교의 원래 이름은 대변초등학교였대요. 학생들은 다른 학교 학생들과 대회에 참가하거나 큰 행사에 나갈 때 '대변초등학교 학생'이라고 불리는 것이 싫었지요. 이 문제를 고민한 5학년 학생이 학생자치회 부회장으로 출마하면서 학교 이름을 바꾸겠다는 공약을 내걸었어요. 학생들도 동의했고 학교 선생님들과 보호자들의 응원에 힘입어 교육청에서는 학교 이름을 바꾸는 것을 허가해 줬어요. 대변초등학교는 이제 용암초등학교가 되었습니다.

순천의 한 초등학교에서도 멋진 일이 있었어요. 전라남도 순천시 신도시에 초등학교가 세워졌어요. 선생님과 학생들은 아파트만 잔뜩 들어와 있는 새로운 도시가 어색하고 이상해서 우리 마을에 필요한 공공기관을 살펴봤어요. 필요한 것이 한둘이 아니었지만 그중에 가장 필요한 것으로 소방서를 꼽았습니다. 불이 나면 너무 멀리서 소방차가 와야 했거든요. 학생들은 토의토론을 통해 소방서가 필요한 이유를 정리했고 선생님은 순천시에 연락해 학생들의 의견을 전달할 수 있는지 물었어요. 마침 새로운 시장이 취임해 시민들의 다양한 의견을 듣고 싶다며 학생들을 초청했지요. 학생들은 제안할 내용을 가지고 순천시장을 만나 소방서가 꼭 필요하다고 이야기했고 순천시장은 소방서 설치를 약속해 주었어요. 그리고 이듬해 그 약속은 지켜졌습니다.

정책 제안은 어떻게 하나요

이런 경험을 하게 되면 어떨 거 같나요? 지방정부를 이끄는 시장을 만나는 일도 설렐 것이고, 중요한 사람이 내 얘기를 들어준 것 같아서 기분이 좋겠죠? 그런데 그보다 더 중요한 게 있어요. 바로 해냈다는 성취감이죠. 나의 작은 호기심, 어쩌다 생긴 궁금증이 다른 사람에게 도움이 되고 기쁨이 될 수 있는 결과로 바뀌는 경험이요. 이 성취감은 평생을 가기도 합니다. 세상을 향해 작은 변화를 이끌어봤던 사람은 이 용기를 잃지 않아요. 그리고 생각보다 어렵지 않다는 것도 깨닫게 됩니다. 뭔가를 바꿔봤다는 것, 성공해 봤다는 기억은 매우 중요해요. 더욱 많은 어린이 청소년의 제안이 세상을 향해 나아갈 필요가 있습니다.

그래서 정부에서는 어린이와 청소년들이 정부에 정책 제안할 수 있는 여러 가지 장치를 만들어 놓고 있어요. 청소년이 정책에 참여할 수 있는 웹사이트도 만들어 두었고요. 각지방정부와 청소년기관을 통해서 정책 제안을 할 수 있는 대회도 계속 열고 있습니다. 청소년들은 자기가 이용하는 청소년 시설, 즉 청소년수련관이나 청소년문화의집의 운영위원으로 참여해서 청소년시설을 더욱 잘 이용할 수 있게끔 만들 수도 있어요.

주민 참여예산제 같은 주민들이 참여하는 제도에 청소년도 참여할 수 있습니다. 문제는 어른들이 이런 회의를 청소년들이 학교에 있는 시간에 해 버린다는 것이죠. 청소년도 위원회에 들어갈 수는 있지만 정작 회의에는 한 번도 못 나갈 수 있어요. 이런 점들은 차차 바꿔 나가야겠죠?

항의와 민원은
사회참여일까?

A 씨의 집 앞에는 아름드리 가로수 여러 그루가 서 있습니다. A 씨 집 창문에서 보면 봄에는 꽃이 피고 여름에는 무성한 나뭇잎이 햇빛을 가려주고 가을에는 단풍이 곱게 들어 사계절을 온전히 느낄 수 있죠. 하지만 A 씨는 불현듯 이 나무가 미워졌어요. 낙엽이 지기 시작하자 A 씨의 집 옥상에 마구잡이로 낙엽이 쌓이기 시작했거든요. A 씨가 옥상에 낙엽이 쌓인 것을 눈치채지 못한 사이 비가 쏟아졌어요. 옥상의 배수구가 낙엽으로 막혀서 찰랑찰랑 물이 고였습니다. 다행히 비는 하루 만에 그쳤지만 A 씨는 이 모든 원인이 집 앞 가로수 때문이라고 생각했어요. A 씨는 시청에 전화를 걸었습니다.

"○○로에 사는 A인데요. 우리 집 앞에 나무가 있는데, 잎이 떨어져서 옥상 배수구를 막았지 뭐예요? 우리 집이 그대로 침수될 뻔했다니까! 당장 저 나무를 베 버리세요!"

전화를 받은 공무원은 난감했어요. 가로수는 개인 소유가 아니라 국가와 지방자치단체, 지방정부가 관리하는 거예요. 명확히는 지방정부의 한 부서에서 관리하게 되어 있어요. 가로수는 삭막한 도시에 생기를 불어넣어 주고 시민에게 위안을 안겨 줍니다. 이산화탄소 배출은 최대한 줄이고, 흡수량은 높여서 배출과 흡수가 0에 이르게 만드는 것을 탄소중립이라고 하는데, 여기에 나무만큼 좋은 건 없어요. 도로와 주택 사이에 심은 가로수는 먼지와 유해 물질을 걸러주기 때문에 집 앞에 나무가 있다는 것은 일종의 필터를 갖게 되는 셈이에요. 그런데도 A 씨는 막무가내로 집 앞의 가로수를 베어 달라고 우겨댔어요.

A 씨의 전화를 받은 공무원은 당장 가로수를 벨 수는 없지만 불편하다니 고민을 해보겠다고 답했어요. 그러자 A 씨는 자기 말을 무시한다고 생각하고는 매일 시청에 전화를 걸어대기 시작했어요. 공무원들은 난감해졌지요.

A 씨의 행동을 살펴볼까요? 거리에 있는 가로수가 자신의 재산을 침범한다며 주장하고 있습니다. 가로수는 공공의 이익을 위해 심은 것이고 자기는 공공의 일원이니 자신이 피해를 보면 나무를 베어야 한다는 주장이에요.

A 씨의 계속되는 항의에 공무원들은 A 씨의 피해도 인정할 수밖에 없다며 A 씨 집 쪽으로 뻗은 나뭇가지를 자르기로 했습니다. 크레인을 올리고 A 씨 집의 옥상 쪽으로 뻗은 나뭇가지를 살펴보니 나무가 울창하게 자라 옥상에 나뭇잎이 무수히 떨어졌네요. 나무를 자르러 올라간 작업자와 공무원은 A 씨가 화를 낼 만하다고 생각하며 집 쪽으로 향한 나뭇가지를 잘라냈습니다. 그때 B 씨가 길을 지나가다 그 장면을 보았어요. B 씨는 평소 울창한 가로수길을 사랑하는 사람이에요. B 씨가 공무원과 작업자에게 물었어요.

"뭐 하시는 거예요?"

"아, 예, 가로수 가지치기를 하고 있습니다."

"왜죠?"

"가지가 너무 뻗어나가서 위험해서요."

"아니 그렇다고 마구 나무를 잘라도 되나요? 이거 누가 허가했어요?"

"예?"

공무원과 작업자들은 생각지도 못한 B 씨의 태도에 당황했어요. B 씨는 소리를 높여 왜 나무를 마구잡이로 자르느냐, 나무가 아픈 게 안 보이느냐, 나무는 도시를 지켜주는 소중한 존재다, 사람이 조금 불편한 걸 참으면 된다고 언성을 높였어요. 시청에서 나온 공무원은 B 씨를 붙들고 잠시 이야기를 나누자며 달랬어요.

"저쪽 주택에 사시는 분이 오랫동안 나뭇가지를 잘라달라고 민원을 넣으셨어요. 나뭇잎이 옥상에 떨어져서 배수구가 막힌답니다. 저희도 어쩔 수 없이 하는 거예요. 선생님도 시민이시지만 저분도 시민이잖습니까. 저희는 요청이 들어오면 일부는 들어드려야 하는 의무가 있어요."

B 씨는 기가 막힌다는 듯 콧방귀를 뀌며 더 소리를 높였어요.

"그럼 올바르지 않은 민원도 다 들어준다는 거예요? 나무의 생명을 죽이는 일도요?"

"아니 선생님, 이게 나무를 완전히 베어내는 일은 아니지 않습니까?"

공무원은 당황하기 시작했어요. B 씨는 분이 풀리지 않는지 씩씩거리며 가만히 두고 보지 않겠다고 하며 자리를 떴어요.

다음날, 이제는 B 씨가 시청으로 전화를 걸어오기 시작했습니다. 왜 함부로 나무를 자르느냐, 언제 또 자를 거냐, 1년에 몇 번이나 가지치기를 하느냐…. 공무원은 연간 가지치기 계획을 알려주고 특별한 민원이 들어오는 경우에는 현장에 나가 점검을 한 뒤 논의를 거쳐 위험하거나 주민재산에 피해가 간다고 판단되면 일부 구간만 잘라낼 수 있다고 답했어요.

여러분은 위 두 사람의 행동을 어떻게 생각하나요?

민원은 주민 참여가 아니다

최근 관공서나 공공기관에 민원을 하는 사람들이 많아지고 있습니다. 행정과 정치에 참여하고자 하는 시민의 의지가 높아졌기 때문일까요? 자기가 사는 도시에 대한 애정이 생기고 원하는 것이 명확해졌기 때문일까요? 2010년대 이후 주민 참여가 늘어났고 적극적으로 참여하거나 개입하는 사람들이 늘어나고 있습니다. 주민 참여는 시민들의 니즈를 파악하여 함께 협력해서 정책을 만드는 것이 효율적이라고 보고 도입한 제도입니다. 민주주의가 자리 잡고 국가 경제력이 높아지면서 시민들은 명확한 자기 취향과 기준이 생겼기 때문에 만들어졌지요.

우리나라는 1987년 민주화운동으로 대통령을 직접 뽑을 수 있는 대통령 직선제를 만들어냈고 그해에 헌법을 개정하는 국민투표를 부쳐 지금의 헌법을 정했어요. 이후 국민들은 선거를 통해 계속해서 국가가 나아갈 방향을 결정해 왔습니다.

2016년에는 헌법을 어긴 대통령을 탄핵하자는 촛불집회가 전국적으로 열렸고, 결국 대통령 탄핵소추안이 인용되어 대통령이 파면되었어요. 이는 정의로운 세상에 대한 시민들의 갈망인 동시에 내가 세상을 바꿔냈다는 성공의 기억을 안겼죠. 사람들은 이제 더 크게 원하는 바를 말할 수 있겠다고 믿었고, 주말이 되면 광장에서는 다양한 집회가 열려요.

하지만 아직 한국 사회에는 위에 A 씨와 B 씨처럼 다른 사람의 다른 의견은 듣지 않고 자기 생각만 주장하며 목소리를 높이는 사람이 많습니다. 이런 행동을 우리는 '민원'이라고 해요. 국가가 운영하는 행정기관, 즉 시청, 경찰서, 소방서, 행정복지센터 등에 자기 뜻만 전달하는 것은 사회참여가 아닙니다. 나와 내가 속한 집단의 이익을 위해 목소리를 높이는 것은 사회참여가 아니에요. 그러나 이런 행위를 사회참여라고 착각하는 어른들이 지금 대한민국에는 아주 많습니다.

사회참여는 공공의 이익이 우선되어야 한다

사회참여는 다른 사람들과 함께 뜻을 모아 현재 정부가 하는 일을 살펴보고 더 좋은 쪽으로 끌어내는 것을 말합니다. 지금의 정책을 완전히 뒤엎자는 것이 아니라 이미 만들어놓은 정책과 제도의 문제점을 파악하여 더 나은 방향, 즉 공공의 이익을 위해 개선해 나가는 것입니다. 여기서 중요한 것은 '공공의 이익'입니다. 공공의 이익은 더 약한 사람을 위해, 더 불편한 사람을 위해, 더 불리한 사람을 염두에 두고 추구해야 합니다.

대표적인 것이 장애인 접근성을 고려한 대중교통인데요. 요즘은 '보행 약자 접근성'이라고도 부릅니다. 예전에는 장애인만 불편을 느낀다고 생각했는지 장애인이 접근할 수 있느냐를 따져 묻는 '장애인 접근성'이라고 했지만, 요즘은 보행이 어려운 여러 사람을 위한 접근성을 높이는 것이 좋다는 생각이 담긴 '보행 약자'라는 표현을 씁니다.

그러면 보행 약자란 어떤 사람들을 말할까요? 휠체어를 탄 장애인도 있겠지만 어린아이가 탄 유아차와 그 보호자, 관절이 쇠약해져 걸음이 불편한 노인, 일시적으로 다치거나 수술해서 걷는 게 어려운 사람, 딱히 수술을 하진 않았지만 병이 생겼거나 너무 피곤해서 걸음이 어려운 사람도 속할 수

있습니다.

우리나라 지하철과 기차역은 대부분 계단으로 되어 있습니다. 엘리베이터나 에스컬레이터는 계단과 한참 떨어져 있어 이용하기 어려운 경우가 많습니다. 버스도 마찬가지예요. 최근에는 인도와 높이가 같은 저상버스가 많이 도입되었지만 아직도 버스를 타려면 두세 계단을 올라야 해요. 대중교통은 누구나 타고 다닐 수 있어야 하지만 사실은 그렇지 않은 것이죠. 유모차를 접고 아기를 안고 버스 계단을 오르는 일, 관절염 있는 노인이 버스 계단을 오르내리는 일은 쉽지 않습니다.

앞서 공공의 이익은 더 약한 사람, 더 불편한 사람, 더 불리한 사람을 염두에 두고 추구해야 한다고 했죠? 대중교통 수단을 예로 들면 대중교통을 이용할 때 가장 불편한 사람을 염두에 두고 설계를 하는 것입니다. 즉 휠체어 탄 사람에 맞춰 설계한다면 목발을 짚었거나, 관절염이 있거나, 무거운 짐을 들었거나, 유아차를 끌고 가는 보호자나, 다리가 아픈 중학생 모두가 불편함 없이 대중교통을 이용할 수 있을 거예요.

사회참여는 보다 많은 공공의 이익을 위해 지금까지의 제도와 정책이 고려하지 못했던 세세한 부분을 시민의 시선으로 발견해 도전할 때 그 의미와 가치가 큽니다.

'내가 축구하다 다리를 다쳐 목발을 짚어보니 대중교통이 얼마나 불편한지 알겠다. 누구나 인생의 한 번쯤 이런 일을 겪을 수 있으니 대중교통의 보행 약자 접근성을 높여 생활의 불편함이 없도록 하자. 다친 것도 서러운데 가야 할 곳도 못 간다면 너무 억울하지 않을까'라는 생각에서 시작해, 제도 개선에 대한 의견을 내고 여러 사람의 목소리를 더해 활동하면 그때 바로 사회참여가 되는 것이죠.

자, 그럼 이제 우리가 참여할 수 있는 다양한 사회참여 방법을 찾아볼까요?

학교에서 협의와
합의를 연습하기

　　학교에 다니는 청소년이라면 학교에서 사회참여를 연습해
볼 수 있어요. 학급의 회의, 학교 전체 회의를 통해 우리 학
교의 문제점을 살펴보고 더 나은 방향을 찾아내 보는 거죠.

학급 회의를 통해

　　우리는 학교에서 상당히 많은 시간을 보내기 때문에 일상
생활에 관련된 일들로 갈등을 빚을 수 있습니다. 누가 버렸는
지 알 수 없는 쓰레기를 치우는 문제, 창문을 열어 두었다가

비에 젖은 책, 수업 시간에 자꾸 울리는 휴대폰 알람, 청소할 때 열심히 하지 않는 친구, 당번을 정하는 문제 등.

학급 회의는 본격적인 사회참여를 준비하는 연습이 됩니다. 앞서 사회참여는 공익을 목적으로 여러 사람의 의견을 모으는 것이라고 했죠? 따라서 여러 사람의 의견을 듣고 협의해 나가며 서로의 생각을 맞춰 나가는 연습이 필요해요. 위의 문제들을 같은 교실에 있는 친구들과 솔직하게 이야기하며 협의해 나가 보는 겁니다. 미루어 짐작하지 말고 나의 의견에 반대한다고 해서 나를 싫어하는 게 아닐 수 있다는 걸 기억하면서요.

나와 가장 친한 친구라도 의견은 다를 수 있어요. 청소 당번을 정할 때 앞번호부터 하는 게 옳다고 생각하는 사람과 뒤번호부터 하는 게 옳다고 생각하는 사람도 친구일 수 있잖아요? 이럴 때 서로 이야기를 나누다 보면 중간쯤에서 합의점을 찾을 수 있겠죠. 상대를 존중하면서 반대 의견을 들을 수 있으려면 충분한 연습이 필요합니다. 한국 사회에서 토론이 잘 안되는 이유는 의견과 감정을 구분하지 못하는 일이 많기 때문이에요. 의견과 감정이 뒤섞이는 일은 열린 마음으로 연습하면 충분히 해낼 수 있어요.

학교 전체 회의를 통해

학급 생활에서 벗어나 학교생활로 확대해 보면, 학교 내에서 지켜야 하는 청소년의 권리와 의무에 대한 논의가 많을 겁니다. 교복과 복장 규정에 관한 문제, 급식에 관한 문제, 학교 실내화에 관한 문제 등이 그러하죠.

교복과 복장을 규정하는 것은 청소년인권조례나 학생인권조례에 이미 '학생들의 자유를 침범하지 않는다'고 되어 있지만 지켜지지 않는 경우가 많아요. 자기가 입을 옷을 스스로 결정하는 것은 자기 삶을 스스로 만들어 나간다는 의미가 있어요. 하지만 여러 가지 이유로 정해진 교복을 고수하는 학교도 있습니다. 만약 자기 학교가 그렇지 않다면 복장 문제로 학교에서 토론회를 열어볼 수 있을 겁니다. 학생 보호자와 학생자치회, 교사들이 대등한 위치에서 의견을 말하고 듣다 보면 타당하다고 생각하는 쪽에 동의하는 과정이 일어나요. 이렇게 서로 견해차를 좁혀 나가는 것을 '협의'라고 하고 그 협의가 끝나서 의견을 한데 모으게 되면 '합의'했다고 표현합니다.

모든 논쟁과 토론과 회의는 합의를 목표로 합니다. 합의를 이루려면 마음에 들지 않더라도 어느 정도 양보를 해야 하고요. 모든 사람이 만장일치로 결의하는 일은 흔치 않을뿐

더러 민주적 사회에서 꼭 지켜야 하는 원칙도 아니에요. 우리는 언제나 소수의 의견도 존중해야 하지만 그 소수의 의견 역시 공공의 이익을 위해야 합니다. 즉 누군가를 괴롭히거나 저주하기 위한 것이어서는 안 돼요. 인류가 지향해야 할 것은 궁극적으로 약자를 돌보고 생명을 살리는 일이어야 합니다.

우리 주변의 사회참여

학교 운영에 참여해 보지 않았더라도 자기가 사는 지역과 사회에 대해 고민할 수 있습니다. 자격이 필요한 일은 아니니까요. 사회참여는 문제를 발견하면서부터 시작됩니다. 학교와 학교 밖을 오가며 생각했던 것들, 그중에 쉽게 이해할 수 없는 일들이 있다면 그 지점부터 시작하면 됩니다.

우리 주변의 문제 찾아보기

학교와 가까운 곳부터 살펴보자면 우선 통학로 문제를 들 수 있습니다. 수많은 어린이가 학교 앞에서 교통사고로 죽었던 터라 몇 년 전 초등학교와 유치원 앞은 어린이보호구역으로 지정되어 자동차는 시속 30km 이하로 지나가야 합니다.

이 법을 만드는 데 참 많은 사람의 노력이 필요했습니다. 어린이들이 학교 앞에서 죽었다는 말에도 '나와 상관없다'라거나 '소수에게 일어난 작은 일'이라고 무관심한 사람들이 있었기 때문입니다. 그리고 아직도 청소년들이 다니는 학교 앞, 즉 중학교와 고등학교는 보호구역으로 지정되어 있지 않아요. 청소년들의 신체 조건은 성인과 별다르지 않다고 생각했던 걸까요? 그렇다면 청소년이 자주 다니는 곳은 자동차가 씽씽 달려도 괜찮을까요? 이런 문제 외에도 학교 앞 인도가 비좁거나 버스를 타고 내리는 곳의 보도블록이 깨져 있어 넘어져 다치는 경우도 있을 테고, 차는 양방향으로 다니는데 인도는 한쪽만 있는 경우도 있을 겁니다. 이런 문제는 과연 그대로 두어도 괜찮을까요?

이런 고민과 불만이 사회참여의 시작이 될 수 있습니다. 제가 만난 사람들은 환경 문제, 쓰레기 문제에 관심이 많았어요. 폐지 줍는 노인이 안타깝다는 이야기도 있고, 길바닥에 담배꽁초를 버리거나 쓰레기를 버리는 시민들에 대한 스트레스도 컸죠. 이럴 때 우리는 어떻게 사회참여를 통해 세상을 변화시켜 나갈 수 있을까요?

정말 문제가 맞는지 확인하고 설득할 근거 찾기

가장 쉬운 방법은 앞서 가로수를 베어달라거나 베지 말라고 했던 사람들처럼 구청이나 시청에 민원을 넣어 항의하는 것입니다. 그러나 이런 행동은 한 사람의 항의로 보여서 힘이 약할 수 있어요. 사회참여는 동의하지 않는 혹은 문제가 있다는 걸 잘 모르는 사람들을 설득하는 거예요. 설득을 하려면 타당한 근거와 이유가 있어야 합니다.

사회참여의 첫 번째 단계가 문제를 인식하는 거라면 두 번째 단계는 그 문제가 정말 문제가 맞는지 확인하는 조사하는 겁니다. 예를 들어 자주 가는 곳에 담배꽁초와 쓰레기가 떨어져 있는 것이 불편하고 이를 개선하고 싶다면 개선해야 하는 이유가 명확해야 해요.

담배꽁초와 쓰레기가 버려진 것은 왜 문제가 될까요? 보기 싫어서? 불쾌해서? 그것도 충분한 이유가 되지만 이를 해결하려면 사람들을 설득할 좀 더 타당한 근거를 찾아야 할 것입니다. 만약 여러분이라면 어떤 근거와 이유를 들 건가요? 저라면 이렇게 이런 논리로 접근하여 풀어가겠습니다.

우선 길거리에 쓰레기가 계속 버려져 있는 것은 위생, 즉 우리 모두의 건강을 해칠 수 있습니다. 특히 쓰레기에 음식물이 뒤섞여 있다면 더욱 문제가 되죠. 음식물을 먹기 위해 쥐와 고양이 같은 동물이 모여들 수 있고, 버려진 음식은 쉽게 상해 병균을 만들 수 있으니까요. 동물이 모여드는 것이 나쁘다기보다 상한 음식을 먹게 되는 동물은 인간의 건강에 나쁜 영향을 줄 수 있기 때문입니다. 예를 들어 길고양이들이 계속해서 상한 음식을 먹게 된다면 병에 걸릴 수 있고 병에 걸린 고양이들이 내놓은 배설물을 통해 다른 동물과 사람에게도 영향을 끼칠 수 있을 거라는 말이죠.

두 번째, 쓰레기가 마구 버려진 거리는 위험해요. 누군가 잘못 밟고 넘어져서 다칠 수도 있고 가난하고 범죄가 일어날 것 같은 지역이란 인상을 줄 수 있어요. 그러면 그 지역에 사는 사람은 '나는 좋지 못한 마을에 살고 있다'는 생각을 하게 되고 자기 마을에 대한 자부심을 느끼지 못하면 결국 다른 곳으로 떠날 결심을 합니다. 그렇게 되면 지저분한 도시는 더 많은 사람에게 버림받게 되고 도시의 힘은 더 약해지겠죠. 악순환이 계속되는 거예요. 쓰레기를 버리는 행위는 아무렇지 않아 보이지만 여러 사람이 비슷한 행동을 하면 지역 사회 전체에 나쁜 영향을 끼치게 돼요.

쓰레기를 치우는 일은 정부에서 하고 있습니다. 커다란 가구나 위험한 물질, 날마다 거리에 쏟아져 나오는 쓰레기를 개인이 치우는 데는 한계가 있으니까요. 그래서 정부는 매일 골목에 나온 생활 쓰레기를 다시 사용할 쓰레기는 자원순환에 쓰이도록 하고 버릴 것은 쓰레기 소각장이나 매립장으로 가져가 처리합니다.

우리나라의 쓰레기 수거는 이렇게 이루어져요. 시청이나 도청, 구청 같은 지방정부가 쓰레기를 치우는 일을 전문으로 하는 회사와 계약을 맺습니다. 계약을 한 회사는 쓰레기를 치울 사람들을 고용합니다. 이들은 쓰레기를 수거하기로 지정한 날에 청소차를 타고 다니며 쓰레기를 치워요. 즉 정부가 청소할 사람들을 직접 고용하지 않고 쓰레기 수거 회사와 계약해서 일을 하도록 하는 것이죠. 하지만 그렇더라도 관리와 책임은 정부에 있으므로 계속해서 쓰레기가 거리에 쌓인다면 시민은 정부에게 책임을 물을 수 있습니다.

그러므로 거리에 왜 쓰레기가 쌓여 있다면 제대로 치워지지 않는지 알아봅니다. 그 지역의 구청, 시청, 군청, 도청과 같은 지방정부에 물어보면 됩니다. 그다음 우리가 할 수 있는 일을 찾아봅니다. 공무원들이 실제 상황을 잘 몰라 쓰레기

치우는 시간을 잘못 정했을 수도 있고, 사람들이 많이 모이는 번화가에 쓰레기통이 없기 때문일 수도 있으니까요.

제가 사는 도시에는 이런 문제가 있었어요. 상가와 음식점이 많은 번화가였죠. 낮에는 깨끗하다가 저녁이 되면 지저분해지기 시작하고 밤늦은 시간이 되면 담배꽁초가 여기저기 쌓였습니다. 낮과 밤을 비교해서 사진을 찍어보면 확연히 구분되었죠. 이런 자료를 수집해서 눈으로 확인할 수 있게 해야 사람들의 공감을 얻을 수 있어요. 단, 문제에 대한 자료를 모을 때는 이 문제에 공감하는 사람들과 함께하는 것이 좋습니다. 한 사람보다 열 사람이 함께하면 일을 나눠서 하기 좋으니까요.

문제를 해결하기 위해 행동하기

문제점을 찾았다면 그 지역을 관리하는 지방정부에서 해결할 수 있는지, 아니면 다른 방법이 있는지 해결 방안을 찾아봅니다. 그러려면 여러 사람과 이야기하고 살펴봐야 해요. 언제 가장 지저분해지는지, 치우는 사람이 있는지, 치우는 사람이 있다면 얼마나 어려운지 묻고 알아보는 겁니다. 내가 본 것이 정확한지, 내가 봤을 때만 문제가 있던 건 아닌지, 다른 사람들도 나와 비슷하게 생각하고 있는지 여러 의견을 들어보고 문제 해결에 도움이 되는 전문가, 특히 그 지역의 문제점을 가장 잘 아는 공무원의 말도 들어봅니다. 우리가 살고 있는 도시는 복잡한 일들이 뒤엉켜 있는 곳이에요. 사회참여는 내가 발견한 문제와 연관된 여러 사람들과 조직을 알아내고 그들과 함께 참여할 수 있는 방법을 찾아내는 과정입니다.

그다음은 어떤 일을 하면 좋을까요? 직접 쓰레기를 치워볼 수도 있을 거예요. 소위 자원봉사를 하는 것이지요. 걸으면서 거리의 쓰레기를 줍는다는 플로깅 캠페인을 해보는 방법도 있습니다. 그렇지만 쓰레기를 열심히 줍는다고 언젠가는 쓰레기가 사라질까요? 과연 언제까지 쓰레기를 주울 수 있을지도 의문이지만 쓰레기를 줍는 캠페인을 한다고 해서 많이 참여할지도 미지수입니다. 게다가 자원봉사는 한계가 있어요. 각자 할 일이 있으니 한두 번에 그치기 쉽습니다.

매일 사람들이 돌아가면서 쓰레기를 치우는 것으로 거리가 깨끗해질 수 없다면 이 문제는 어떻게 해결할 수 있을까요?

다시 제가 사는 도시의 번화가로 돌아가 보죠. 이곳은 낮에는 놀러 나와 음식과 음료를 즐기며 쇼핑하는 사람들로 가득하고 저녁이 되면 여기저기서 버스킹하는 사람들의 노래와 연주를 들을 수 있어요. 그런데 밤만 되면 술 마시는 사람들만 남고 담배꽁초로 뒤덮였습니다. 이곳은 밤에는 흡연자들에겐 천국이고 비흡연자들에게는 지옥이에요.

많은 청소년과 시민이 이 문제를 오랫동안 지적했어요. 흡연 부스를 설치해달라는 시민들의 요구가 10년 넘게 끊임없이 이어졌죠. 어떤 사람은 시민들이 참여하는 위원회에 들어가서 요구했고, 민원전화를 통해서도 수십 건의 의견이 접수되었어요. 홈페이지 게시판에도 쓰고, 시의원들에게 직접 얘기하기도 했고요. 청소년위원회, 청소년정책 제안대회에서도 매번 언급되었죠. 제가 사는 도시의 청소년정책 제안대회는 매년 끝날 때 시의 공무원들에게 제안된 내용을 전달하는데 얼마 전 처음으로 흡연 부스를 검토해 보겠다는 의견이 돌아왔어요. 그러자 택시 승강장을 바라보는 길 맨 끝에 한 사람이 서 있을 수 있는 가림막이 두 개가 들어섰어요. 제대로 된 흡연 부스가 아니었습니다.

변화가 더딜지라도 포기하지는 말자

내가 사는 지역의 쓰레기 문제만 보자면, 아직 시청은 시민들이 아무리 요구해도 여전히 흡연 부스를 설치할 마음이 없는 것 같습니다. 담당 공무원은 이곳에 흡연 부스를 설치하면 사람들이 더 많이 담배를 피울 거라고 말합니다. 그런데

이는 마치 쓰레기통을 설치하면 쓰레기가 더 많이 늘어난다고 하는 말과 같지 않나요? 흡연 부스를 설치하면 비흡연자들의 피해는 줄어들지 않겠느냐고 물으면 근거를 대지도 않으면서 지역 상인들이 반대해서 못 한다고 답해요. 흡연 부스를 반대하는 사람들도 많다고요.

　오랜 기간 시민들이 요구했지만 변한 게 없어요. 가끔 보건소에서 나와 금연 캠페인을 펼칠 뿐이죠. 정책이나 제도로 해결해야 할 행정기관이 시민들에게 호소만 하는 셈이에요. 행정기관은 한 사람의 시민보다 더 큰 힘이 있어요. 자기가 가진 힘을 적절하게 사용하지 않는 것은 책임을 회피하는 일입니다. 시민들이 정부에 권한을 주는 이유는 시민 한두 명이 해결할 수 없는 문제를 해결하라는 것이니까요. 이 사례처럼 시민들의 사회참여가 사회 변화를 바로 끌어내는 것은 아니에요. 그 변화가 매우 더딜 수도 있어요. 하지만 계속 도전해 보는 것은 의미가 있는 일입니다.

　단번에 성공한다면 우리는 '사회의 변화를 끌어냈다'는 성취감은 얻을 수 있을 거고, 실패한다면 왜 실패했는지 분석해 보고 정책이 실현되려면 어떤 부분에 문제가 있는지, 사회에 어떤 갈등이 있는지, 왜 내가 원하는 것이 바로 반영되지 않는지 따져볼 기회가 생기죠. 한 번에 성공해 버리면 이런 기회는 사라져요.

흡연 부스에 대한 제안이 거듭 실패하면서 저는 학생들과 함께 시청 공무원들이 왜 이것을 받아들이지 않는지 고민해 봤어요. 시청 공무원들은 주변 상가 상인들의 의견이 일치하지 않기 때문에 반대 민원이 들어올 수 있다며 흡연 부스 설치 제안을 받아들이지 않았거든요. 그래서 우리는 왜 상인들이 흡연 부스 설치를 반대하는지 고민해 봤죠. 상인들에게 이유를 물어보기도 했고, 어떤 사람들은 흡연 부스를 설치해도 사람들이 흡연 부스 안에서 담배를 피우지 않고 그 주변을 더럽힐 거라 했어요. 흡연 부스 부근에 상관없는 쓰레기를 버릴 거라고도 했고요. 쓰레기통에 적당한 양의 쓰레기만 넣지 않고 집 안에 있는 쓰레기를 끌어와서 버리는 사람이 있다는 얘기도 들었어요. 그리고 거리의 널찍한 곳에 커다란 흡연 부스를 설치하면 거리공연이나 행사할 장소가 없어진다는 반대도 있었어요. 또한 어떤 사람들은 흡연 부스를 설치하는 건 흡연을 허락하는 것이기 때문에 오히려 담배를 피워도 된다는 인식을 강화해서 금연 의지를 꺾을 수 있다는 주장도 했어요. 우리는 각계각층의 이야기를 들어보며 흡연 부스 하나에 얽힌 수많은 사람들의 다른 생각과 입장을 알게 되었어요. 만일 한 번에 바로 흡연 부스가 생겼다면 우리는 흡연 부스와 금연 정책, 비양심적인 행동을 하는 사람들에 대한 이야기는 들을 수 없었을 거예요.

깨진 유리창 이론

한 명이 쓰레기를 버리면 사람들은 그 옆에 쓰레기를 같이 버립니다. 사람들의 이런 마음을 '깨진 유리창 이론Broken Window theory'라고 합니다. 오래전 미국에서 있었던 실험인데요. 두 대의 중고차를 각기 환경이 다른 곳에 놓아두고 차의 앞부분인 보닛을 열어 두었대요. 마치 고장 난 것처럼 보이게 말이죠. 범죄율이 높은 동네에서는 순식간에 차의 부품을 도둑맞았지만 범죄율이 낮은 동네에서는 아무도 차에 손을 대지 않았어요. 하지만 연구자가 범죄율이 낮은 곳에 둔 차의 유리창을 깨기 시작하니 지나가던 사람들이 달려들어 함께 차를 부수기 시작했습니다. 깨진 유리창 하나를 방치하니 그 지점을 중심으로 점차 범죄가 확산해 나간 것입니다. 1982년 켈링과 윌슨은 이 실험에 착안하여 미국의 월간지 〈애틀랜틱 먼슬리Atlantic Monthly〉에 기고한 글에서 '깨진 유리창 이론'이라는 명칭을 최초로 붙였습니다.

이 이론은 도시의 버려진 곳을 해결하는 데 많이 쓰였어요. 예를 들면 1980년대 뉴욕시는 범죄율이 치솟고 치안이 불안해지자 지하철 내의 낙서를 모두 지우도록 했어요. 낙서가 방치된 상태는 창문이 깨져 있는 건물과 같은 상태라고 생각했기 때문이에요. 낙서를 지우면 또 생기고 해서 모든 낙서를 지우는 데는 5년이 걸렸지만 2년 후부터는 중범죄 수가 감소하고 1994년에는 절반 가까이 감소했다고 해요. 그 후 뉴욕시는 지하철에서 성과를 올린 범죄 억제 대책을 뉴욕 경찰에 도입했어요. 낙서를 지우고, 보행자의 신호 무시나 빈 캔을 아무 데나 버리기 등 경범죄의 단속을 철저하게 계속한 것입니다. 그 결과 범죄 발생 건수가 급격히 감소했고 마침내 범죄 도시의 오명을 불식시키는 데 성공했어요.

한눈에 보는 아주 쉬운 사회참여 방법

과정	내용
1. 내가 변화시키고 싶은 주제를 고른다.	번화가에 쓰레기통을 설치해 주세요.
2. 나와 뜻을 같이 하는 사람들을 모은다.	나랑 같이 제안할 사람 손!
3. SNS도 활용하며 잘 모르는 사람들의 의견도 들어본다.	우리 모임의 이름을 정하고 'ㅇㅇ거리 쓰레기통설치추진위원회' 정치인들은 인스타그램보다는 페이스북을 더 많이 하니까 페이스북 계정도 만들고, 트위터는 많은 사람이 볼 수 있으니, 트위터도 괜찮을 듯. 인스타그램도 좋아.
4. 주제를 잘 알고 있는 시민단체를 찾아가서 상담하면 더 빨리 해결할 수 있을지도 모른다.	쓰레기통은 환경에 대한 거니까, 환경운동연합, 녹색연합, 환경자치연대라는 이름이 들어간 단체를 찾아보자. '지속가능발전협의회'라는 곳도 고장마다 있어.
5. 우리가 고른 주제를 담당하고 있는 기초단체의 부서를 찾아본다. (각 군청, 시청의 홈페이지에는 모든 직원들의 이름과 담당하는 업무, 사무실 전화번호가 공개되어 있다. 이 홈페이지를 활용해서 찾아보거나 민원전화를 걸어 해당 주제를 담당하는 부서를 물어본다.)	환경, 쓰레기, 도로의 문제를 해결하는 부서를 찾아보자. 홈페이지에 들어가면 국장/과장/주무관이라고 되어 있어. 각 담당자의 업무를 잘 살펴보도록 하자.
6. 해당 부서에 전화를 걸거나 홈페이지를 통해 변화가 필요한 부분에 대해 질문한다.	해당 부서에 국장/과장/주무관이 있네. 일을 가장 많이 해봤고, 지금도 실행력도 좋고, 결정 권한도 갖고 있는 직급인 과장이나 팀장을 찾아서 물어보자.
7. 기초단체에서 해결할 수 없다는 답을 들으면	좌절하지 말고
8. 정확한 자료와 통계, 다른 도시의 성공 사례를 찾아본다.	다른 도시에서 멋진 쓰레기통을 찾아보자. 검색은 구글에서.
9. 함께하는 사람들과 의견을 나누어 문서로 깔끔하게 제안 내용을 정리한다. 제안배경/실행방안/기대효과 등. 함께 행동하는 사람들의 소속과 이름을 적는다.	사진도 붙이고 한글 파일을 열어서 제대로 제안서를 만들어보자. 구글에서 '제안서.hwp'로 검색하면 여러 자료가 나올 거야. 그중에 맘에 드는 걸 찾아서 따라해 보자.

과정	내용
9. 기초단체 관련부서에 전달하자.	문서를 만들었으면 제안서를 제출하겠다고 다시 전화하자. 해당부서 담당자의 이메일을 받아서 전달하면서 동시에 홈페이지에도 올려줘. 국가 신문고를 사용하는 것도 좋아. 이렇게 되면 지방정부의 담당자는 꼭 대답해 줄 의무가 생겨.
10. 동시에 기초의회 해당 상임위원회에도 제안서를 전달한다. 기초의회도 홈페이지에 의원들의 전화번호가 모두 공개되어 있다. 의원들에게 개별적으로 전화를 걸어도 된다. 받지 않거나 의견을 무시한다면 다른 의원들에게도 연락해본다.	자, 이제 의회 홈페이지를 찾아봐. 의회 홈페이지를 보면 상임위원회라는 구분이 있어. 상임위원회는 주제별로 묶여있는 의원들의 그룹이야. 이 그룹 중에 환경, 쓰레기, 도로의 문제를 다루는 상임위원회를 찾아보자. "도시"라는 이름이 붙어 있을 가능성이 높아. 이 중에 위원장이 누군지 살펴보고 그 중에 내가 사는 동네에서 선출된 의원이 누군지 알아보자. 그다음 의원의 전화번호와 이메일이 공개되어 있으니 여러 의원에게 동시에 제안서를 보내자. 보내면서 "지방정부 ××부서, ○○에게도 전달했다"는 말을 잊지 말고 알려 주자.
11. 의원들과 지방정부에 이 내용을 전달했다는 것을 여러 사람에게 알린다. SNS를 활용해 의원들을 태그 거는 것도 방법! 지역의 시민단체에게 이 내용을 알린다.	우리가 운영하는 SNS에 이 내용을 공개하자. 여러 사람이 보도록. 만일 우리가 통화한 의원이 계정을 가지고 있다면 그 의원을 태그 걸어도 좋아. 만났던 시민단체에도 누구누구에게 이런 내용을 보냈는지 알려 줘. 참, 회신 받을 연락처도 잊지 말고 꼭 적어야 해.

자 이제 기다리자.

실패할 경우? 5번부터 다시 반복!

자원봉사는
사회참여인가요?

우리가 아는 자원봉사는 어떤 것인가요? 쓰레기 문제를 해결하기 위한 플로깅, 혼자 음식을 해 먹기 어려운 사람들에게 반찬을 전달하는 일, 아침에 등교하는 어린이들을 위해 녹색깃발을 들며 아이들을 보호하는 일, 혼잡한 차도에서 호루라기를 불며 교통 정리를 하는 일. 이 모든 것이 자원봉사입니다. 자원봉사는 대가 없이 타인을 위해 나의 노동과 재능을 기부하는 거예요. 몇 년 전부터는 '재능기부'라는 말도 쓰고 있지요.

지금의 자원봉사는 특정한 곳에서 일손이 필요할 때 공개적으로 모집하고 함께 활동하는 일이 많습니다. 누군가 일을 해야 하는데 일을 하는 사람에게 정당한 노동에 대한 대가를 주기 어려울 때 자원봉사자를 모집하기도 해요.

자원봉사는 사회참여의 첫걸음

우리나라의 자원봉사는 1988년 서울올림픽 때 본격적으로 시작되었습니다. 외국인에게 경기장을 안내하거나 통역을 하는 일을 자원봉사로 해결했죠. 자원봉사는 자신이 원해서 자신의 노동력을 대가 없이 기부하는 거예요. 전문가가 아닌 사람도 참여할 수 있는 일이라면서 그동안 몰랐던 사회를 살펴볼 기회가 되기도 합니다.

자원봉사는 의견을 내거나 정책을 제안하는 것과 달리 일손이 필요한 곳에 가서 급하고 어려운 일을 돕는 것이라 할 일이 이미 정해져 있어요. 수동적인 사회참여라 할 수 있죠. 자원봉사를 통해 어려운 곳을 살펴보면 사회참여가 가능한 부분을 알아낼 수 있어요. 매일 학교 앞 통학로를 지키는 자원봉사자가 학교 앞에 차들이 씽씽 달려 어린이들이 위험에 처하는 일을 자주 발견한다면 이 문제를 제도적으로 보완할 방법을 궁리할 수 있죠. 다시 말해 자원봉사는 사회참여의 첫걸음이라고도 할 수 있어요하지만 자원봉사는 다른 관점에서 보면 노동착취로 볼 수도 있습니다. 정당한 노동의 대가를 지불해야 하는 일에 자원봉사라는 이름으로 요구할 때 특히 그렇습니다. 자원봉사라는 이름으로 참여하고 있는데 뭔가 억울한 면이 있다면 노동력을 착취당하는 것은 아닌지 생각해 볼 필요가 있어요.

자원봉사 시 주의할 점

자원봉사는 대부분 누군가를 돕는 일이 많은데요. 이때 꼭 주의할 것이 있습니다. 누군가를 도울 때 '불쌍해서 돕는다'고 생각하면 곤란하다는 거예요. 보육원이나 노인시설, 장애인복지시설에 자원봉사를 열심히 다니는 사람 중에도 '불쌍해서 자원봉사를 간다'라고 말하는 경우가 많은데. 불쌍하다는 것은 처지가 가엾고 안됐다는 뜻으로 쓰는 말이에요. 누군가를 불쌍하다고 여길 수는 있지만 불쌍하기 때문에 도와줘야 한다는 생각은 한 번 더 생각해 볼 필요가 있습니다. 불쌍해야 도와준다는 것이 자원봉사의 조건이 될 수 있기 때문이죠. 불쌍하지 않은 사람은 도울 필요가 없다는 단순한 생각의 고리에 빠질 위험도 있고요.

다른 사람을 나와 비교해서 불쌍하게 여기는 것, 다른 사람의 불행에 비해 내가 더 행복하다는 생각을 '대상화'라고 합니다. 나를 중심에 놓고 다른 사람을 나의 삶과 비교하는 대상, 즉 도구로 삼는 것이죠. 모든 사람은 각자의 삶이 있고 스스로 잘 살아가기 위해 노력하고 있습니다. 설령 불행을 겪는 사람이 있다면 그 사람을 불쌍하게 여기기보다 그 사람이 처한 상황이 부당하다고 여기는 게 낫습니다. 세상에 대해 더 많이 생각하고 고민하면 자신의 행복을 과시하기 위해 다른 사람의 불행을 이용하는 이런 단순한 비교를 줄여나갈 수 있어요. 가난한 사람은 왜 가난할까? 정말 일을 열심히 하지 않아서 가난할까? 아프리카는 왜 늘 가난하다고 할까? 아프리카에 먹을 게 정말 없나? 이런 고민을 해보자는 거죠.

다시 말해 자원봉사를 할 때도 '불쌍하다'는 인식보다 '부당하다'고 여기는 것이 사회의 고질적인 문제점을 해결하는 데 도움이 됩니다. 불쌍하다는 생각은 내가 도울 수 있는 정도까지만 도울 수 있어요. 그러나 누구나 존중받아 마땅한 인권을 제대로 누리지 못하는 것을 부당하다고 여긴다면 세상을 보는 시선이 조금 달라집니다. 운명에 의해 불쌍해지는 것이 아니에요. 운이 나빠 설령 불행한 일을 당했다고 하더라도 모든 인간은 이 불행에서 벗어날 수 있어야 합니다. 즉 누구나 태어났다면 보편적인 인권을 보장받아야 합니다. 내가 내의지대로 행복하게 살아갈 권리는 정치와 사회에 참여할 때

완전히 내 것이 될 수 있어요.

겨울이면 한국에서는 많은 단체가 연탄 기부 행사를 엽니다. 이 책을 읽는 학생들은 연탄이 뭔지 잘 모를 수도 있을 텐데요. 겨울철 난방을 위해 모든 사람이 가스나 기름, 전기로 난방을 하는 것은 아니에요. 1990년대만 해도 석탄으로 만든 연탄이라는 연료를 난방용으로 많이 사용했어요. 연탄을 쓰는 곳은 오래된 주택인 경우가 많은데 이들이 꼭 어려운 형편이 아닐 수 있습니다. 그러므로 연탄 기부 행사라고 해서 어려운 곳을 돕는다는 생각만 하진 않았으면 합니다. 한 걸음 더 나아가 사회가 에너지 정책을 어떻게 만들고 있는지, 겨울철 난방을 위해 가장 청정한 에너지는 무엇인지 고민해 보도록 해요.

단순히 몸을 쓰는 자원봉사도 충분한 성취감이 있습니다. 또 자원봉사가 늘 타인을 위해서 하는 것은 아니에요. 자원봉사는 봉사한 사람이 가져가는 성취감과 자기효능감이 정말 큽니다. 그래서 자원봉사를 오래 한 분들은 '나를 위해서 한다'고 말씀하시죠. 이 책을 읽는 여러분은 나를 위한 자원봉사뿐 아니라 자원봉사를 계기로 우리 사회가 보다 평등해질 수 있는 방법을 찾아보도록 해요.

사회참여로 만들어 낸
사회의 변화

여러분도 동물을 좋아하나요? 돌고래는 어떤가요? 여러분 중에 혹시 돌고래 쇼를 본 사람이 있을까요? 아마 지금의 청소년들은 돌고래쇼를 못 본 사람이 많을 거예요. 불과 10년 전만 해도 돌고래쇼는 동물원의 인기 프로그램 중의 하나였는데 말이죠.

돌고래쇼는 왜 없어졌을까?

돌고래쇼에 의문을 품은 사람들이 있었어요. 한국뿐 아니라 다른 여러 나라에서도 고래는 보호해야 하는 동물이라 잡아서 팔 수 없는데 동물원에서는 버젓이 돌고래쇼를 하고 있었기 때문입니다. 불법으로 잡았다는 것은 묻지 않아도 뻔한 일이죠.

돌고래는 개체 수가 많은 고등어와는 달라요. 돌고래에 관심 있던 한 시민들이 불법으로 잡은 돌고래를 훈련해 쇼를 하는 동물원 앞에서 1인 시위를 시작했어요. 2011년이었습니다. 이 시민들은 '핫핑크돌핀스'라는 멋진 이름의 돌고래 보호단체를 만들고 불법으로 포획된 돌고래들을 바다로 돌려보내라는 시위를 시작해요. 그러자 제주도에서는 불법으로 잡은 돌고래를 바다로 돌려보내라는 재판이 열렸어요. 재판부에서는 불법으로 잡은 돌고래를 국가가 다시 빼앗아 바다로 돌려보내는 게 맞다고 판결해 주었고요.

이 일이 알려지면서 많은 사람이 돌고래에 관해 생각하게 되었어요.

'드넓은 바다를 헤엄치는 고래를 가두고 훈련한 쇼를 보는 건 괜찮은 일일까?'

세상엔 돌고래쇼가 아니어도 충분히 재미난 것이 많잖아요. 꼭 고래를 괴롭히면서 즐거움을 찾을 필요는 없죠. 많은 시민이 핫핑크돌핀스에 응원을 보냈어요.

돌고래쇼에 반대하는 사람들은 또 이런 생각을 했어요. 동물원이 꼭 필요할까? 사람이 동물을 잡아서 가둬 두는 것이 괜찮은 일일까? 무슨 권리로? 이제 사람들은 돌고래쇼를 당연하게 여기지 않아요. 핫핑크돌핀스는 돌고래의 생명과 권리에 대해 세상에 질문을 던졌을 뿐만 아니라 사람들이 동물권에도 관심을 두게 만들었습니다.

길고양이를 돌보는 캣맘대디들

제가 사는 도시공원에는 자정이 가까운 늦은 밤이 되면 공원에 바퀴 달린 장바구니를 끌고 지나가는 사람들이 나타납니다. 모자를 푹 눌러쓰고 땅을 보고 걸어 다녀서 어찌 보면 수상해 보이는 사람들이죠. 알고 보니 이 수상한 사람들은 길고양이들의 밥과 물을 챙기는 '캣맘앤대디협의회' 사람들이었어요. 이들은 단톡방을 만들고 그 안에서 서로 돌보는 고양이 정보를 공유했어요. 각자 구역을 맡아서 고양이들을 함께 돌보고 있었습니다.

이들이 먹이를 잘 챙겨주자 고양이들은 활발해졌습니다. 잘 먹으니 건강하고 활력이 넘쳐서 사람에게 나쁜 병을 옮기는 쥐도 곧잘 사냥했지요. 고양이들은 야생성이 남아있어 사냥을 놀이처럼 즐기기도 하거든요. 배가 고프지 않으니 쓰레기통도 뒤지지 않아요. 캣맘들이 잘 돌봐주니 사람을 봐도 도망가지 않고 애교를 부리기도 하고요. 이렇게 사람과 친해진 길고양이는 잡기 쉬워져서 캣맘들이 고양이들을 잡아서 중성화 수술도 해 주었어요. 고양이는 번식력이 엄청 강해서 길고양이들은 중성화 수술을 해 주어야 늘어나는 개체 수를 줄이고 계속되는 출산으로 건강이 나빠지는 일도 줄일 수 있어요. 또 중성화 수술을 하면 고양이가 새벽마다 요란스럽게 우는 일도 줄어들죠.

캣맘앤대디의 활동에 마을은 평화로워지고 고양이 덕분에 즐거운 사람들이 늘어났어요. 시청에서는 이런 상황을 알고 사료 회사에 연락해 길고양이 사료를 받아서 제공하기도 하고, 동물병원 중에서는 중성화 수술을 싸게 해 주겠다는 곳도 나타났어요.

재개발로 건물을 모두 부수게 되자 그곳에 살던 길고양이들을 안전한 곳으로 이동시키기로 했는데, 그때 시청에서는 '길고양이 이사 중'이라는 현수막을 달아주었고 캣맘앤대디협의회에서 고양이들을 케이지에 담아 이사를 시켜 주었어요.

'도시의 길고양이 지수'라는 말이 있습니다. 고양이가 사람을 보고 도망가지 않는 마을은 안전한 마을이라는 속설이에요. 도시에서 인간과 만날 수 있는 생명 중에 가장 약한 것이 길고양입니다. 작고 여린 고양이에게 친절한 사람들이 산

다는 건 그만큼 살기 좋은 곳이라는 거죠. 저는 이 얘기가 맞는 것 같습니다. 험악한 사람들은 자기보다 작고 여린 것을 공격하면서 자기 존재감을 뽐내려고 하죠. 이런 사람들은 범죄와 연결될 가능성이 높습니다. 마을 사람들이 고양이를 보며 돌보고 행복해한다면 사람에게도 친절하지 않을까요? 제가 살던 그 마을에서는 화단에 모여 있는 고양이를 보며 행복해하는 사람들을 자주 만날 수 있었어요.

물론 최근에는 이런 방법으로 고양이 개체 수를 줄일 수 없다는 주장이 있습니다. 그만큼 지금은 유기된 고양이가 많고 길고양이 개체 수는 정신없이 늘어나는 게 사실이에요. 따라서 캣맘대디와 같은 시민의 힘에 정부가 의존해선 안 됩니다. 정부는 이들의 선한 영향력을 바탕으로 보다 나은 정책을 만들어 더 많은 생명을 보호해야 할 의무가 있습니다.

우리 주변으로부터의 사회참여가 변화를 이끈다

사회참여라고 하면 모여서 회의하고, 문서를 만들어 제출하는 것으로 생각하는 경우가 많아요. 물론 그런 과정도 필요합니다. 하지만 보다 재미난 사회참여가 많았으면 좋겠습니다. 좋아하는 분야에 관심을 두다가 자기도 모르는 사이 세상을 바꿀 수도 있거든요. 등산을 좋아하는 사람이 산에 갔다가 장애인도 산책할 수 있는 도로를 만들어달라는 의견을 모아서 관청에 얘기할 수도 있겠죠. 플로깅을 하며 새로운 등산 문화를 만들 수도 있고요.

지금 한국 사회에서는 많은 사람이 사회와 정치에 참여하고 싶어 합니다. 그 열기가 주말마다 열리는 각종 집회에서 드러나죠. 유튜브와 같은 소셜미디어에 정치적인 댓글이 많이 달리는 것도 시민들이 참여하고 싶은 마음이 많기 때문입니다. 이제 시민들은 정치와 사회를 시민 스스로 바꿀 수 있다는 것은 알게 되었어요. 다만 어떻게 서로 협의해서 합의를 만들어내고, 정책 결정권자들과 어떻게 만나서 이야기를 나눠야 하는지는 어려워하고 있죠.

자신이 속한 단체나 지역에 어떤 불만이 생겨 해결하고자 할 때 처음에는 민원 제기로 시작할 수 있습니다. 하지만 나만의 의견이 아니라는 걸 증명하려면 여러 사람의 힘을 모은 '시민 제안'이 되어야 합니다. 시민 제안은 여러 통로를 통해 행정기관에 전달할 수 있습니다. 인터넷 게시판도 있지만 직접 부처를 찾아가도 괜찮아요. 필요하다면 시장이나 시의회 의원들을 만나서 얘기해도 되고요. 요즘은 기초의원과 광역의원, 국회의원 모두 전화번호를 공개하게 되어 있습니다. 사무실 번호와 이메일도 모두 홈페이지에 나와 있고요. 이렇게 대화로 풀 수 있는 장치가 있지만 그래도 잘 해결되지 않는 갈등과 문제가 있을 겁니다. 그때 정치인도 정부도 귀 기울여 들어주지 않고 해결될 희망이 보이지 않으면 그 집단은 거리로 나갑니다. 사람들에게 호소하기 위한 마지막 수단이에요.

거리로 나가 싸우다 보면 그 문제에 사람들이 얼마나 동의하는지 알게 됩니다. '그동안 몰라줘서 미안하다'며 용기를 주고 위로해 주는 사람도 있지만 '시끄럽게 여기서 길을 막고 뭐 하는 거냐'는 항의도 듣게 돼요. 바람이 불고, 비가 오고, 눈이 오고, 뙤약볕이 뜨거운 곳이 길입니다. 길에서 싸운다는 건 혹독한 환경을 무릅쓰고 버티겠다는 뜻이에요.

어떤 문제는 여러분이 동의할 수 있는 것일 테고, 어떤 건 아닐 겁니다. 하지만 길에서 싸우는 사람들을 마주치게 된다면 어떤 이유로 저렇게 싸우는 것인지 최소한 관심은 가져보도록 해요. 우리의 관심에서부터 사회의 변화는 시작됩니다.

이 나라의 주인인 우리는 정부에게 시민참여를 더 늘리고 건강한 시민참여가 이루어질 수 있도록 노력해 달라고 요구할 필요가 있어요. 그리고 시민 모두가 서로를 위해 안전하고 건강한 사회를 함께 만들어 나갈 책임과 권리가 있습니다. 그것이 바로 헌법에서 보장하는 우리의 시민권이에요.

(함께 고민하고 말하고 싶어)

최근 유럽에서는 유명 미술품에 페인트를 끼얹거나 음식물을 집어 던져 미술품을 상하게 하는 시위를 하는 사람들이 있습니다. 이들은 전 세계의 바다와 밀림이 계속 파괴되고 있는데 아무도 처벌받지 않고 인류 모두가 범죄를 저지르고 있다며 그동안 착한 시위는 너무 많이 해왔으니 독한 시위도 필요하다고 합니다.

1 인류의 문화 재산인 미술품에 손해를 끼치는 이들의 행동에 대해 어떻게 생각하나요? 이들의 시위 방법은 괜찮은가요?

2 석탄발전소를 짓거나 밀림을 파괴하는 일은 계속 일어나는데 다들 크게 저항하지 않고 있습니다. 사람들은 왜 기후위기에 적극적으로 대응하지 않을까요? 여러분은 그 이유가 무엇이라고 생각하나요?

정부와 정치는 갈등을 최소화하고 더 많은 시민이 편안하게 자기 삶을 꾸려갈 수 있도록 도와야 합니다. 그러나 해야 할 일을 잘 해내지 못해서 시민이 의사표현을 보다 확실하게 전달해야 할 때가 있습니다. 전 세계 각지에는 다양한 종류의 시위와 저항이 일어나고 있습니다. 문화예술을 동원하거나 행진하거나 구호를 외치기도 합니다. 한국의 경우 만세운동, 촛불시위 등이 있었습니다.

3 인터넷으로 여러 가지 시위의 형태를 찾아보고 그중에 가장 멋져 보이는 것을 골라 친구들에게 소개해 봅시다.

4 지하철과 다르게 백화점은 주차장도 널찍하고 장애인주차장도 충분하며, 엘리베이터도 여러 대 있어서 안전하게 모두가 이용할 수 있습니다. 왜 대중교통은 불편하고 백화점은 편리할까요? 자본주의 사회이니 돈을 쓰고자 하는 사람은 편리하게 생활하고, 보편적인 대중교통을 이용하는 사람들은 불편해도 괜찮은 걸까요?

시민참여 제안하기

제안서	
제안자	자기소개를 씁니다. 보통 학교나 학년, 이름을 쓰면 됩니다. 또한 회신을 받을 수 있는 연락처로 이메일이나 전화번호를 적습니다.
제안 배경	내가 생활하면서 느낀 불편한 점에 대해서 적어 봅시다. 왜 이런 내용을 제안하게 되었는지를 설명하는 부분입니다.
제안 내용	위 제안 배경에서 설명한 배경을 바탕으로 구체적인 제안 내용을 적습니다. 1, 2, 3… 같은 순서를 사용하고 매우 구체적으로 적습니다. 예를 들어 '1. 쓰레기통을 설치해 주세요'와 같은 내용이되 쓰레기통의 크기, 설치 위치까지 설명하면 더욱 좋습니다.
기대효과	내가 제안한 내용이 실현되었을 경우 어떤 변화가 일어날지 상상해서 적어 봅시다.
근거	법과 조례를 찾아서 위 제안이 타당한 이유를 적어 봅시다.
제안작성일자	내가 제안서를 작성하는 일자를 적습니다.
	본인 서명 내가 작성했다는 것을 증명하기 위해 자필로 서명합니다.

예시 시민참여 제안하기

	제안서
제안자	초록중학교 1학년 2반 이하나
제안배경	- 우리 초록시 번화가는 밤이 되면 너무 지저분해집니다. - 담배꽁초를 마구 버리는 사람도 너무 많아요. - 지저분한 거리를 보면 제가 나쁜 사람들과 살고 있다는 생각이 듭니다. - 하루빨리 어른이 되어 초록시를 떠나야겠다는 생각이 듭니다.
제안내용	- 초록시 번화가 비공거리에 쓰레기통과 흡연 부스를 설치해 주세요. - 쓰레기통은 높이 80cm에 둘레 2m가 넘도록 커다랗게 만들어 주세요. - 쓰레기통에 음료수를 버리지 않게끔 일반 쓰레기통, 재활용 쓰레기통과 음료수를 버리는 통을 분리해서 만들어 주세요. - 흡연 부스는 ○○거리 ××식당 앞에 약 10여 명이 들어갈 수 있도록 만들어 주시고 담배연기가 빠져 나갈 수 있는 환기정화시설을 같이 넣어 주변 사람들에게 피해가 가지 않도록 해 주세요.
기대효과	- 거리가 깨끗해지고 살기 좋은 도시라는 이미지가 생깁니다. - 초록시를 더욱 사랑하게 될 거예요.
근거	○○시 간접흡연 피해방지조례 ○○시 폐기물 관리 조례
제안작성일자	2024년 ○○월 ○○일
	본인 서명

친구들과 단체 만들기

친구들과 단체를 만들어 내가 좋아하는 일도 하고 사회공헌도 할 수 있을까요?
실천하기 쉬운 목표를 설정해 도전해 봅시다.

단체 설립 배경	단체를 만들려는 이유를 적어 봅시다.
단체 구성원의 자격	단체에 가입하려면 어떤 조건이 있어야 하는지 적어 봅시다.
단체 이름	왜 단체를 설립하려고 하나요?
단체의 목적	단체가 유지될 수 있는 규칙을 정합니다.
단체 규칙	법과 조례를 찾아서 위 제안이 타당한 이유를 적어 봅시다.
단체가 할 공익적 활동	우리 단체는 어떤 사회공헌을 할 예정인가요?

예시 친구들과 단체 만들기

단체 설립 배경	운동량이 점점 줄어드는 청소년들의 건강문제를 해결하기 위해 운동을 함께 하는 모임을 만들려고 함.
단체 구성원의 자격	주1회 초록동 마을모임에 참가할 수 있는 청소년으로 만 12세부터 만 15세까지. 학교는 상관없음.
단체 이름	초록운동회
단체의 목적	운동은 혼자 하기 힘들고, 체육시간으로는 충분치 않음. 우리가 좋아하는 운동을 실컷하기 위해서임.
단체 규칙	1. 회비가 필요하면 회의를 통해 1인당 동등하게 내도록 한다. 2. 매주 한 번씩 정기모임을 진행하되 회원은 월 2회 이상은 참여한다. 3. 모임 때 참가자 수가 아무리 적어도 모임은 진행한다. 4. 운동할 장소를 찾거나 간식을 사는 일은 서로 의논해서 공평하게 한다.
단체가 할 공익적 활동	매주 토요일 저녁 마을에서 모여 운동을 한 뒤 마을 플로깅을 진행한다. 마을 플로깅 후 그날의 쓰레기를 촬영해 SNS에 올려 사람들에게 알린다.

청소년 정책 제안을 할 수 있는 사이트

- 청소년활동진흥원의 청소년정책 제안 사이트
  https://www.youth.go.kr/ywith/index.do
- 한국청소년활동진흥원
  https://www.kywa.or.kr/main/main.jsp
- 청소년활동정보서비스 포털
  https://www.youth.go.kr/youth/
- 국민권익위원회가 운영하는 국민신문고

각 기초단체와 광역자치단체의 의회 및 지방정부 홈페이지

내가 사는 곳에 따라 의회는 보통 두 개입니다. 예를 들어 내가 강원도 태백시 황지동에 산다면, 태백시의회와 강원도의회에 건의를 올릴 수 있고, 태백시청과 강원도청에 시민 제안을 보낼 수 있습니다.

전라남도 고흥군 봉래면 예내리에 산다면, 고흥군의회, 전라남도의회에 건의를 올릴 수 있고, 고흥군청과 전라남도청에 시민 제안을 보낼 수 있습니다.

서울, 부산, 대전, 인천, 대구, 광주, 울산시민이라면, 각 시의회와 자치구의회에 건의를 올릴 수 있고, 각 시청과 구청에 시민 제안을 보낼 수 있습니다.

내 주소의 앞에 나오는 시나 도가 광역단체가 되고 두 번째 나오는 행정구역이 기초단체가 됩니다.

광역자치단체	기초자치단체
서울시	동작구
전라남도	고흥군
강원도	태백시
경상북도	안동시
경기도	양평군
경기도	여주시

그린이 김형준

홍익대학교에서 동양화를 전공했습니다. 1995년 《옷감짜기》(보림)로 데뷔한 이래 지금까지 일러스트레이터로 활동하고 있습니다. 쓰고 그린 그림책으로는 《바본가》(월천상회)가 있습니다. 부박한 일상에 고착된 생각 너머 새로운 몸과 마음을 상상하는, 그 상상 속에 새로운 삶이 움트는 그런 그림책을 지으려 합니다.

좋은 시민이 되고 싶어 02

정의로운 시민이 되고 싶어

초판 1쇄 발행 2024년 8월 10일

지은이 이하나

기획편집 도은주, 류정화
마케팅 이수정
그린이 김형준

펴낸이 윤주용
펴낸곳 초록비공방

출판등록 제2013-000130
주소 서울시 마포구 동교로27길 53 지남빌딩 308호
전화 0505-566-5522 팩스 02-6008-1777

메일 greenrainbooks@naver.com
인스타 @greenrainbooks @greenrain_1318
블로그 http://blog.naver.com/greenrainbooks

ISBN 979-11-93296-46-2 (03330)

어려운 것은 쉽게 쉬운 것은 깊게 깊은 것은 유쾌하게

초록비책공방은 여러분의 소중한 의견을 기다리고 있습니다.
원고 투고, 오탈자 제보, 제휴 제안은 greenrainbooks@naver.com으로 보내주세요.